AF284863

Impressum
Verlag: BABADADA GmbH, Nedderfeld 112 , 22529 Hamburg
Geschäftsführer / Verlagsleitung: Harald Hof
Druck: Books on Demand GmbH, In de Tarpen 42, 22848 Norderstedt

Imprint
Publisher: BABADADA GmbH, Nedderfeld 112 , 22529 Hamburg, Germany
Managing Director / Publishing direction: Harald Hof
Print: Books on Demand GmbH, In de Tarpen 42, 22848 Norderstedt

dugsi
σχολείο

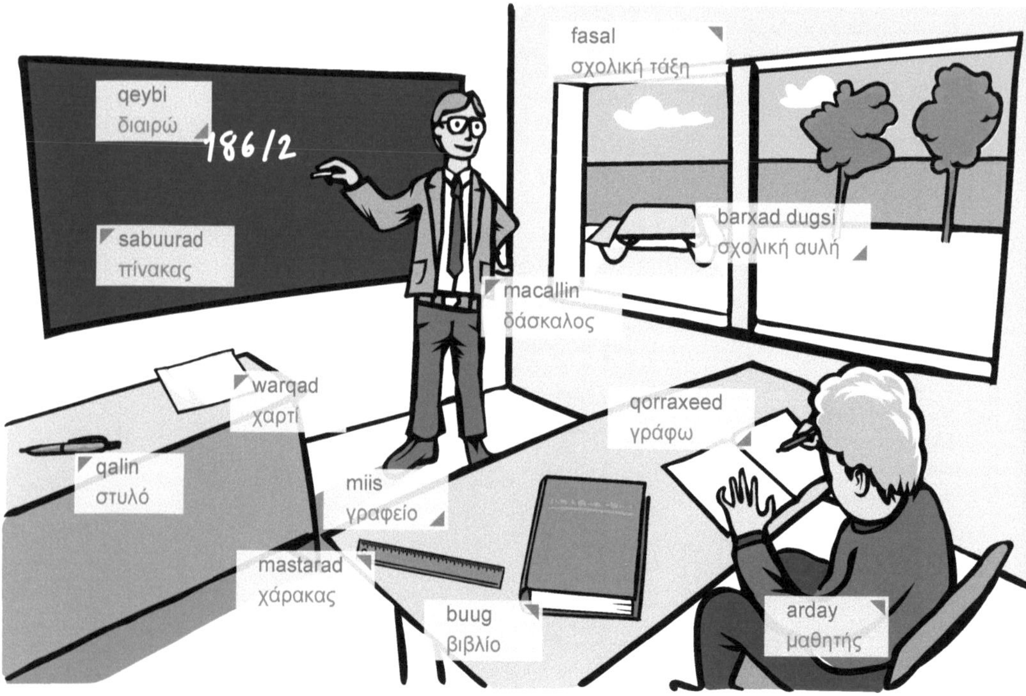

fasal
σχολική τάξη
qeybi
διαιρώ
186/2
sabuurad
πίνακας
barxad dugsi
σχολική αυλή
macallin
δάσκαλος
warqad
χαρτί
qorraxeed
γράφω
qalin
στυλό
miis
γραφείο
mastarad
χάρακας
buug
βιβλίο
arday
μαθητής

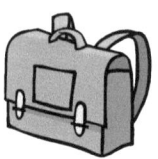

boorso
σχολική τσάντα

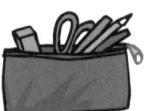

kiis qalin-qori
κασετίνα/ μολυβοθήκη

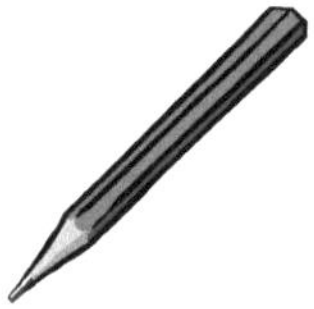

qalin-qori
μολύβι

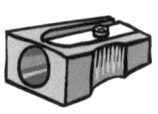

koobka qalin qor
ξύστρα

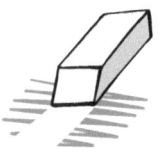

titirre
γόμα

buugga sawirka
μπλοκ ζωγραφικής

sawirid

ζωγραφική

burushka midabaynta

πινέλο

gasaca midabaynta

κουτί χρωμάτων

maqasyo

ψαλίδι

koollo

κόλλα

buug qoraal

τετράδιο ασκήσεων

shaqo-guri

εργασία για το σπίτι

lambar

αριθμός

ku dar

προσθέτω

ka jar

αφαιρώ

ku dhufo

πολλαπλασιάζω

xisaabi

υπολογίζω

warqad

γράμμα

alifbeeto

αλφάβητο

erey

λέξη

qoraal

κείμενο

akhri

διαβάζω

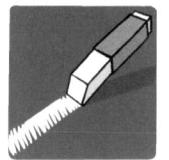

jeesto

κιμωλία

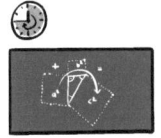

cahsar

μάθημα

diiwaan

εγγράφομαι

imtixaan

τεστ

shahaado

πιστοποιητικό

direes dugsi

μαθητική στολή

waxbarasho

εκπαίδευση

diwaan mowduuceed

εγκυκλοπαίδεια

jaamacad

πανεπιστήμιο

mayskariskoob

μικροσκόπιο

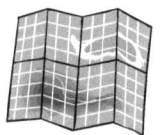

khariidad

χάρτης

haan qashin-gur

καλάθι αχρήστων

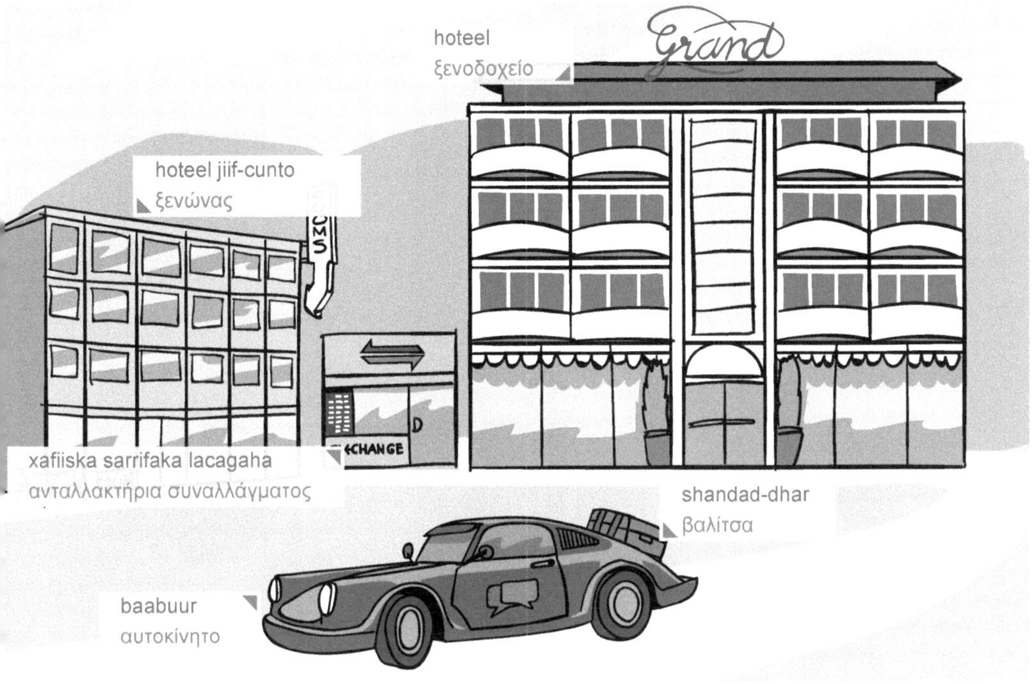

hoteel
ξενοδοχείο

hoteel jiif-cunto
ξενώνας

xafiiska sarrifaka lacagaha
ανταλλακτήρια συναλλάγματος

shandad-dhar
βαλίτσα

baabuur
αυτοκίνητο

luuqad

γλώσσα

haa / maya

ναι / όχι

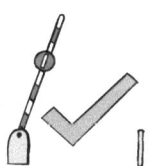

Hagaag

εντάξει

nabad miyaa

γεια σου

turjumaan

μεταφραστής

Waad mahadsan tahay

Ευχαριστώ

waa immisa…?

πόσο κάνει ;

ma aanan fahamin

Δε καταλαβαίνω

dhibaato

πρόβλημα

galab wanaagsan!

Καλησπέρα!

subax wanaagsan!

Καλημέρα!

habeen wanaagsan!

Καληνύχτα!

nabad gelyo

Αντίο

jiho

κατεύθυνση

alaabo

αποσκευές

boorso

τσάντα

boorso-dhabar

σακίδιο πλάτης

marti

καλεσμένος

qol

δωμάτιο

katiifad

υπνόσακος

teendho

σκηνή

xog dalxiis

τουριστικές πληροφορίες

xeebta

παραλία

kaar amaah

πιστωτική κάρτα

quraac

πρωινό

qado

μεσημεριανό

casho

δείπνο

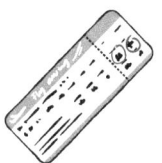

rasiid

εισιτήριο

wiish

ανελκυστήρας

tiimbare

γραμματόσημο

xuduud

σύνορα

qeybta-canshuur-bixinta

τελωνείο

safaarad

πρεσβεία

dal ku gal

βίζα

baasaboor

διαβατήριο

gaadiid
μεταφορά

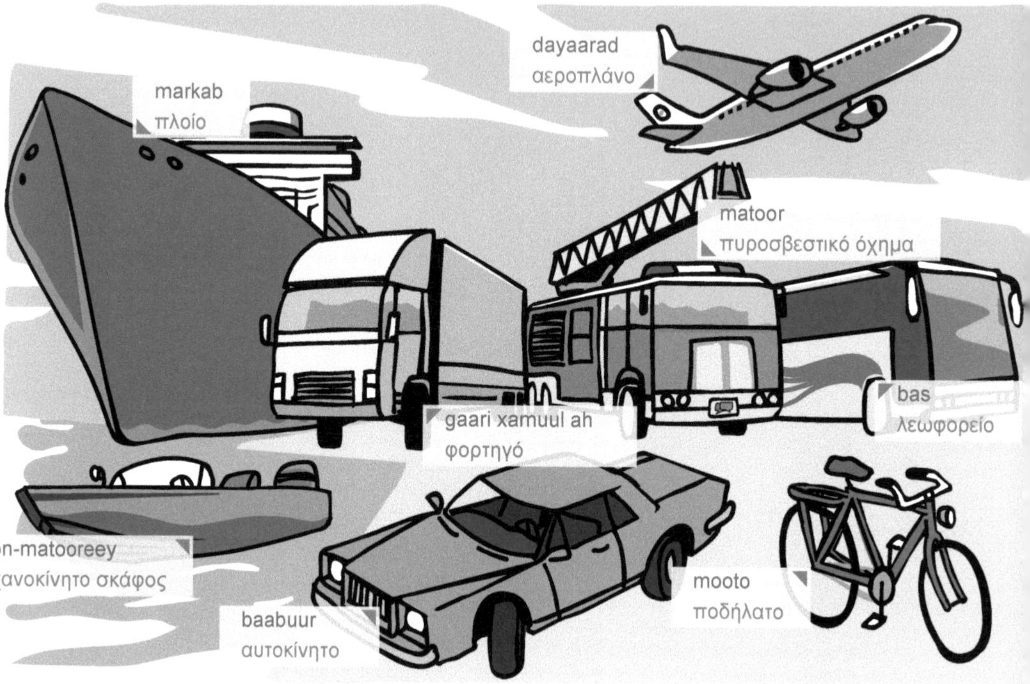

dayaarad
αεροπλάνο
markab
πλοίο
matoor
πυροσβεστικό όχημα
bas
λεωφορείο
gaari xamuul ah
φορτηγό
on-matooreey
χανοκίνητο σκάφος
mooto
ποδήλατο
baabuur
αυτοκίνητο

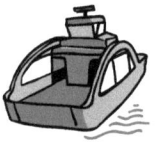

doon

φεριμπότ

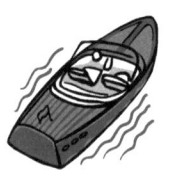

doonnida

βάρκα

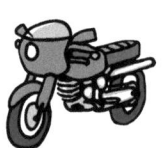

mooto

μοτοσικλέτα

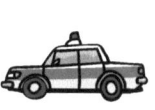

baabuur booliis

περιπολικό

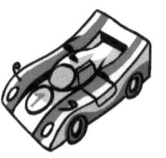

baabuur baratan

αγωνιστικό αυτοκίνητο

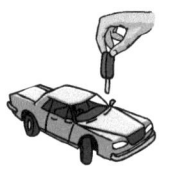

baabuur la-kiraysto

ενοικιαζόμενο αυτοκίνητο

gaadiid-wadaag

διαμοιρασμός αυτοκινήτων

wiishle

γερανός

gaari qashin-gure

απορριμματοφόρο

matoor

κινητήρας

shidaal

καύσιμο

ajib

βενζινάδικο

calaamad taraafiko

πινακίδα σήμανσης

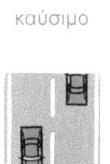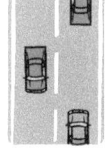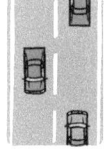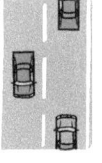

taraafiko

κυκλοφορία

jaam baabuur

κυκλοφοριακή συμφόρηση

baarkin-baabuur

χώρος στάθμευσης

boosteejo tareen

σιδηροδρομικός σταθμός

waddo-tareen

σιδηροδρομικές γραμμές

tareen

τρένο

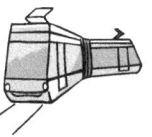

taraam

τραμ

gaari faras

βαγόνι

helikobtar

ελικόπτερο

garoonka dayuuradaha

αεροδρόμιο

manaarad

πύργος

rakaab

επιβάτης

weel

εμπορευματοκιβώτιο

kartoon

χαρτοκιβώτιο

gaari faras

καρότσι

dambiil

καλάθι

kicid / degis

απογειώνομαι / προσγειόνομαι

magaalo

πόλη

tuulo

χωριό

faras magaale

κέντρο της πόλης

guri

σπίτι

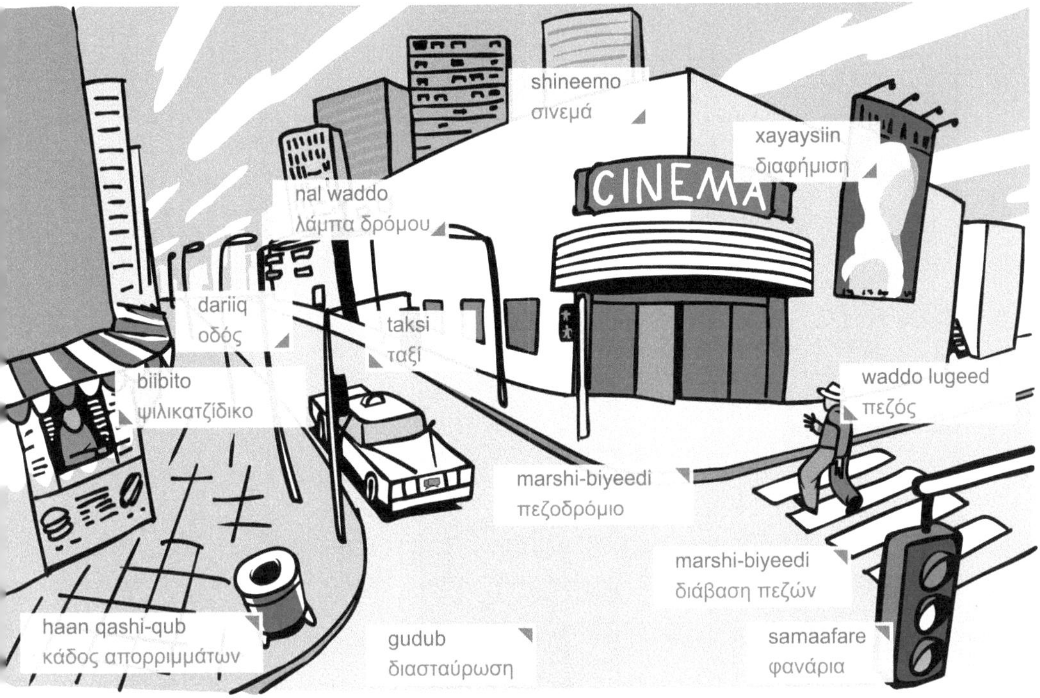

shineemo
σινεμά

xayaysiin
διαφήμιση

nal waddo
λάμπα δρόμου

CINEMA

dariiq
οδός

taksi
ταξί

biibito
ψιλικατζίδικο

waddo lugeed
πεζός

marshi-biyeedi
πεζοδρόμιο

marshi-biyeedi
διάβαση πεζών

haan qashi-qub
κάδος απορριμμάτων

gudub
διασταύρωση

samaafare
φανάρια

mundul

καλύβα

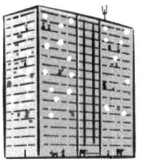

dabaq

διαμέρισμα

boosteejo tareen

σιδηροδρομικός σταθμός

xarunta dowladda-hoose

δημαρχείο

matxaf

μουσείο

dugsi

σχολείο

magaalo - πόλη

jaamacad

πανεπιστήμιο

bangi

τράπεζα

isbitaal

νοσοκομείο

hoteel

ξενοδοχείο

farmasi

φαρμακείο

xafiis

γραφείο

buug shoob

βιβλιοπωλείο

dukaan

κατάστημα

dukaan ubax

ανθοπωλείο

carwo

σούπερ μάρκετ

suuq

αγορά

suuq weyne

πολυκατάστημα

kalluun-iibshe

ιχθυοπωλείο

suuq

εμπορικό κέντρο

furdo

λιμάνι

jardiino

πάρκο

kursi

παγκάκι

buundo

γέφυρα

jaraanjaro

σκάλες

waddo-tareen-hoosaad

μετρό

waddo-dhul hoose

τούνελ

boosteejo

στάση λεωφορείου

baar

μπαρ

makhaayad

εστιατόριο

sanduuq boosto

γραμματοκιβώτιο

calaamad waddo

πινακίδα δρόμου

joogid-cabbire

παρκόμετρο

beer-xayawaan

ζωολογικός κήπος

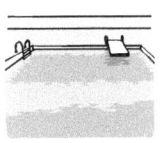

barkad dabbaalasho

πισίνα

masaajid

τζαμί

beer
αγρόκτημα

naqas
ρύπανση

qabuuro
νεκροταφείο

kaniisad
εκκλησία

garoon
παιδική χαρά

macbad
ναός

muqaal-dhireed

τοπίο

caleen
φύλλο

calaamad-waddo
πινακίδα κατεύθυνσης

waddo
δρόμος

seere
λιβάδι

dhagax
πέτρα

geed
δέντρο

buur korre
πεζοπόρος

webi
ποτάμι

caws
χορτάρι

ubax
λουλούδι

dooxo

κοιλάδα

buur

λόφος

laag

λίμνη

kayn

δάσος

saxare

έρημος

foolkaano

ηφαίστειο

qasri

κάστρο

qaanso-roobaad

ουράνιο τόξο

barkin-waraabe

μανιτάρι

geed timircced

φοίνικας

kaneeco

κουνούπι

duqsi

μύγα

qoraanjo

μυρμήγκι

shinni

μέλισσα

caaro

αράχνη

dameer-duudeey

σκαθάρι

rah

βάτραχος

dabagaalle

σκίουρος

kashiito

σκαντζόχοιρος

dabagaalle

λαγός

guumeys

κουκουβάγια

shimbir

πουλί

boolo-boolo

κύκνος

doofaar-jilibeey

αγριογούρουνο

deero

ελάφι

faras-duur

άλκη

biyo-xireen

φράγμα

tamar-dhaliye

ανεμογεννήτρια

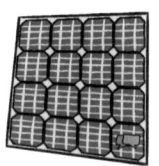

soollar

ηλιακός συλλέκτης

cimilo

κλίμα

makhaayad
εστιατόριο

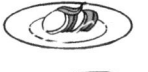

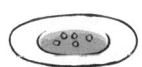

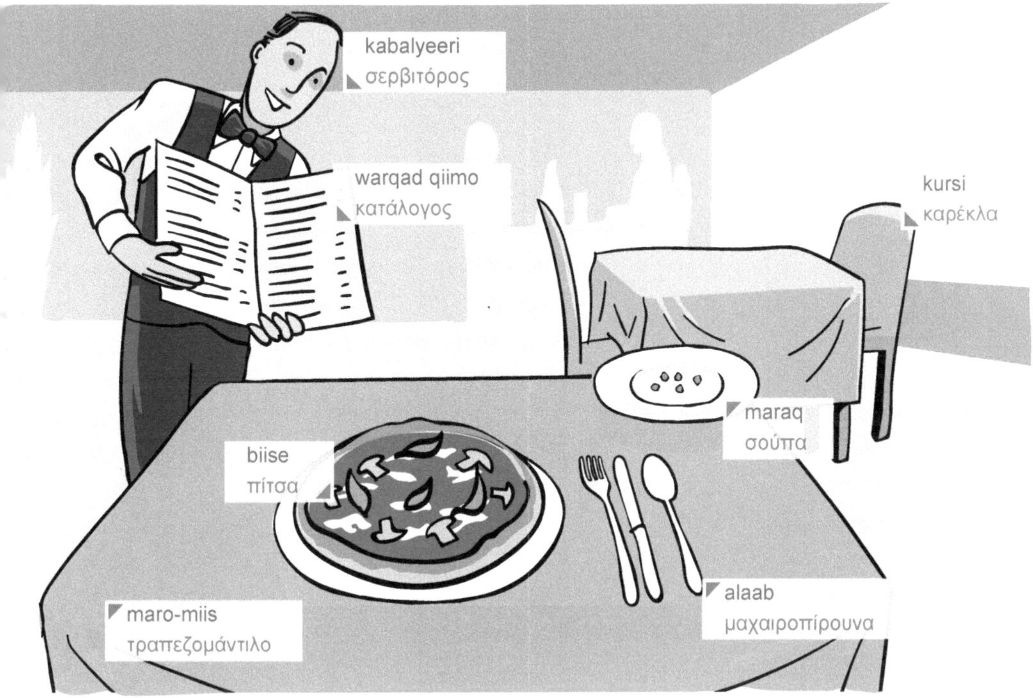

kabalyeeri
σερβιτόρος
warqad qiimo
κατάλογος
kursi
καρέκλα
maraq
σούπα
biise
πίτσα
alaab
μαχαιροπίρουνα
maro-miis
τραπεζομάντιλο

af-billow

ορεκτικό

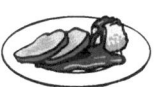

cunto bariimo

κύριο πιάτο

macmacaan

επιδόρπιο

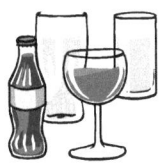

cabitaan

ποτά

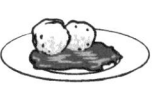

cunto

φαγητό

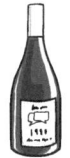

dhalo

μπουκάλι

cunto diyaarsan

φαστ φουντ

cunto-waddo

φαγητό στ' όρθιο

jalmad shaah

τσαγιέρα

weelka sonkorta

δοχείο ζάχαρης

qayb

μερίδα

mashiinka isbareesada

μηχανή εσπρέσο

kursi dheer

ψηλή καρέκλα

biil

λογαριασμός

tereey

δίσκος

mindi

μαχαίρι

fargeeto

πιρούνι

qaaddo

κουτάλι

malqacad-shaah

κουταλάκι του τσαγιού

shukumaan miis

πετσέτα φαγητού

galaas

ποτήρι

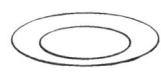

saxan

πιάτο

saxanka maraqa

πιάτο σούπας

saxan

πιατάκι φλιτζανιού

suugo

σάλτσα

weelka cusbada

αλατιέρα

basbaas shiide

μύλος για πιπέρι

fixiye

ξύδι

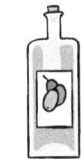

saliid

λάδι

dhandhanaan

μπαχαρικά

suugo

κέτσαπ

mastaard

μουστάρδα

mayoonees

μαγιονέζα

carwo

σούπερ μάρκετ

qiima dhimis qaas ah
προσφορά
macmiil
πελάτης
FOR
caano
γαλακτοκομικά προϊόντα
miro
φρούτα
gaariga adeega
καρότσι για ψώνια

BUTCHERS

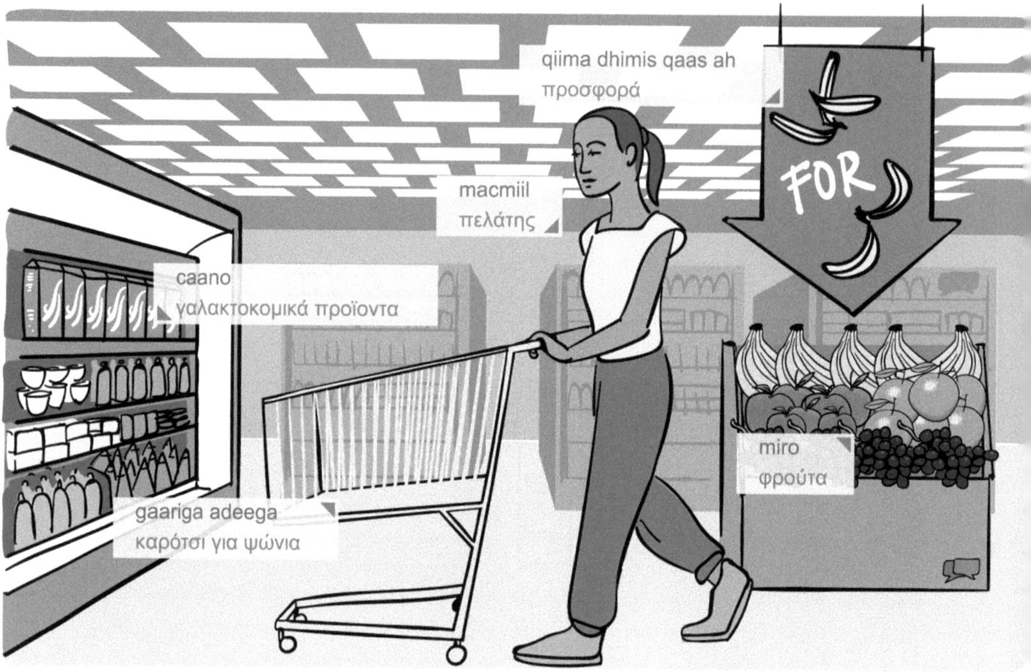

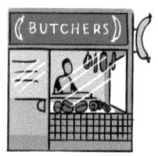

kawaan

κρεοπωλείο

BAKERY

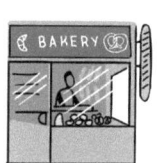

foorno

φούρνος

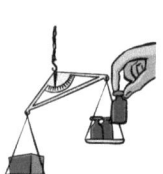

cabbir

ζυγίζω

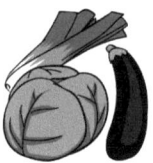

khudaar

λαχανικά

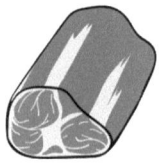

hilib

κρέας

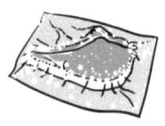

cunto la qaboojiyay

κατεψυγμένα τρόφιμα

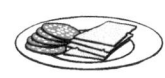

hilibka qadada

αλλαντικά

cunto gasacadeysan

κονσερβοποιημένη τροφή

oomo

απορρυπαντικό ρούχων

macmacaan

γλυκά

alaabada guri

οικιακά είδη

alaabo nadaafad

καθαριστικά προϊόντα

iibshe

πωλήτρια

diiwaan lacagta

ταμείο

qasnaji

ταμίας

liis adeeg

λίστα για ψώνια

saacadaha shaqo

ωράριο λειτουργίας

shandada jeebka

πορτοφόλι

kaar amaah

πιστωτική κάρτα

bac

τσάντα

bac

πλαστική σακούλα

biyo

νερό

casiir

χυμός

caano

γάλα

kooka-kola

κόκα κόλα

khamri

κρασί

biir

μπίρα

khamri

αλκοόλ

kooke

κακάο

shaah

τσάι

kafee

καφές

isberesso

εσπρέσο

koobishiin

καπουτσίνο

muus

μπανάνα

tufaax

μήλο

liin-bambeelmo

πορτοκάλι

qare

πεπόνι

liin

λεμόνι

karooto

καρότο

toon

σκόρδο

baambuu

μπαμπού

basal

κρεμμύδι

barkin-waraabe

μανιτάρι

loos

ξηροί καρποί

baasto

νουντλς

baasto

μακαρόνια

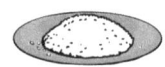

bariis

ρύζι

salar

σαλάτα

jibsi

πατατάκια

baradho shiilan

τηγανητές πατάτες

biise

πίτσα

haambeegar

χάμπουργκερ

saanwij

σάντουιτς

hilib-jiir

κοτολέτα

hilib-doofaar

ζαμπόν

salami

σαλάμι

sooseej

λουκάνικο

hilib-digaag

κοτόπουλο

duban

ψητό

kalluun

ψάρι

sareenta mashaarida

χυλός βρώμης

quraac isku-dhafan

μούσλι

daango

κορν φλέικς

bur

αλεύρι

nooc rooti ah

κρουασάν

rooti

ψωμάκι

rooti

ψωμί

rooti-la-kulluleeyey

τοστ

buskud

μπισκότα

subag

βούτυρο

hanti

τυρόπηγμα

doolsho

κέικ

ukun

αυγό

ukun shiilan

τηγανητό αυγό

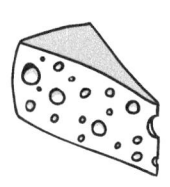

burcad

τυρί

jalaato

παγωτό

sonkor

ζάχαρη

malab

μέλι

malmalaado

μαρμελάδα

labeen macmacaan

άλλειμμα σοκολάτας

suugo

κάρυ

beer
αγρόκτημα

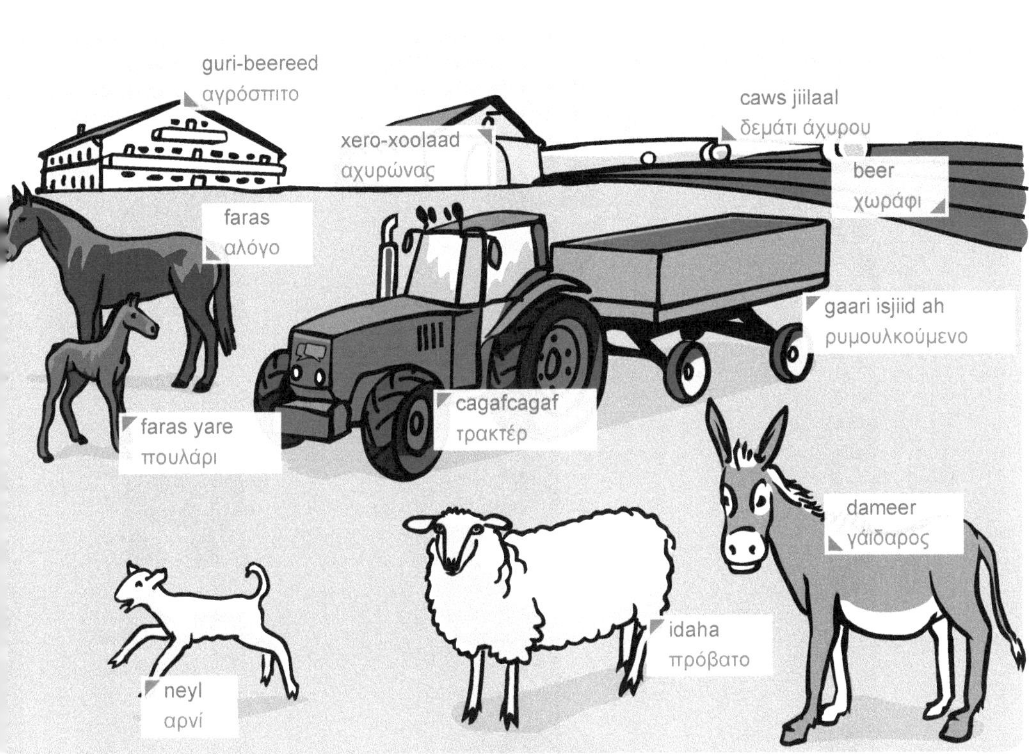
guri-beereed
αγρόσπιτο
caws jiilaal
δεμάτι άχυρου
xero-xoolaad
αχυρώνας
beer
χωράφι
faras
αλόγο
gaari isjiid ah
ρυμουλκούμενο
cagafcagaf
τρακτέρ
faras yare
πουλάρι
dameer
γάιδαρος
idaha
πρόβατο
neyl
αρνί

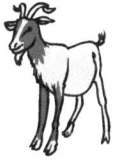

ri'

κατσίκα

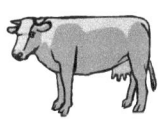

sac

αγελάδα

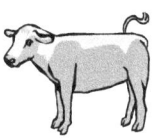

weyl

μοσχαράκι

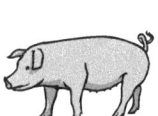

doofaar

γουρούνι

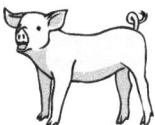

dhal doofaar

γουρουνάκι

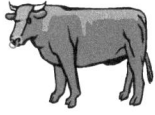

dibi

ταύρος

bawaato lab

χήνα

bawaato

πάπια

jiijiile

κοτοπουλάκι

digaag

κότα

diiq

κόκορας

doolli

αρουραίος

bisad

γάτα

jiir

ποντίκι

dibi

βόδι

eey

σκύλος

hoyga eeyga

σπιτάκι σκύλου

tuubbo waraab

λάστιχο κήπου

sakeelka waraabinta

ποτιστήρι

gudin

θεριστήρι

carro-roge

αλέτρι

gudin

δρεπάνι

yaambo

τσάπα

fargeeto caws-beereed

δίκρανο

faas

τσεκούρι

gaari -gacan

χειράμαξα

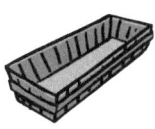

dar

ταΐστρα

dhalada caanaha

δοχείο γάλακτος

jawaan

σάκος

deer

φράχτης

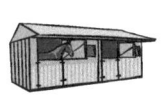

xero xooleed

στάβλος

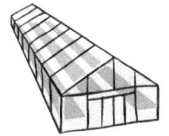

gur-biqlin-dhireed

θερμοκήπιο

ciidda

έδαφος

abuuka

σπόρος

bacrimiye

λίπασμα

cagafta beer-goynta

θεριζοαλωνιστική μηχανή

beer-goyn

θερίζω

beer-gooyn

συγκομιδή

moxog

γιαμς

sarreen

σιτάρι

soya

σόγια

baradho

πατάτα

galley

καλαμπόκι

geed-saliideed

κράμβη

geed mirood

οπωροφόρο δέντρο

moxog

μανιόκα

firiley

δημητριακά

guri

σπίτι

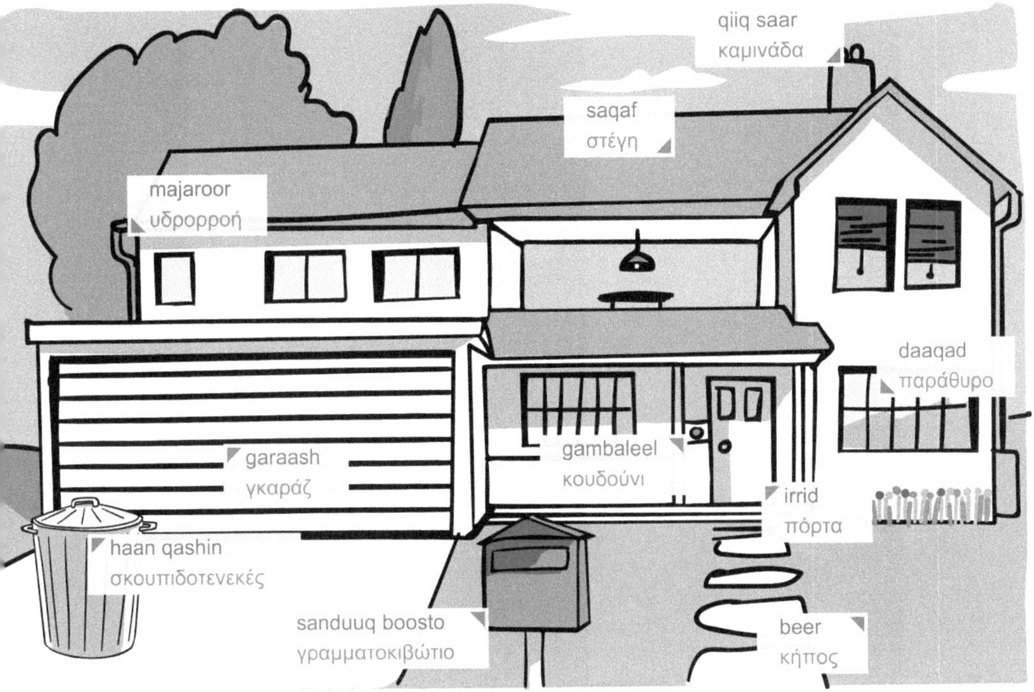
qiiq saar
καμινάδα
saqaf
στέγη
majaroor
υδρορροή
daaqad
παράθυρο
gambaleel
κουδούνι
garaash
γκαράζ
irrid
πόρτα
haan qashin
σκουπιδοτενεκές
sanduuq boosto
γραμματοκιβώτιο
beer
κήπος

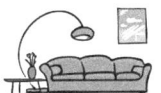

qol jiib

σαλόνι

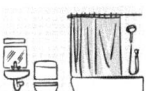

musqul-qubeys

μπάνιο

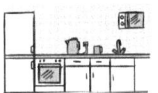

jiko

κουζίνα

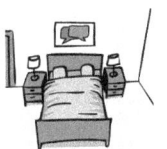

qolka jiifka

υπνοδωμάτιο

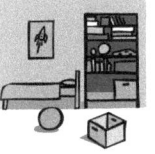

qolka ilmaha

παιδικό δωμάτιο

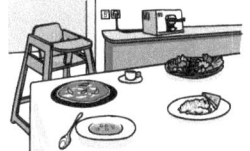

qolka cuntada

τραπεζαρία

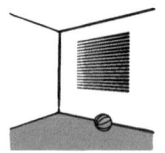

sagxad

πάτωμα

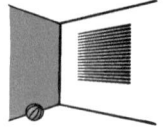

derbi

τοίχος

saqaf

οροφή

makhaasiin

κελάρι

soona

σάουνα

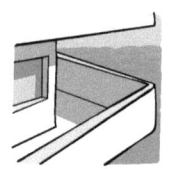

balakoon

μπαλκόνι

daarad

βεράντα

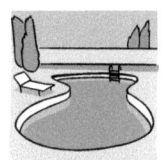

barkad

πισίνα

caws-jare

μηχανή του γκαζόν

buste

σεντόνι

go'

κάλυμμα κρεβατιού

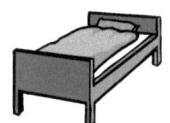

sariir

κρεβάτι

xaaqin

σκούπα

baaldi

κουβάς

daare-damiye

διακόπτης

qol jiib
σαλόνι

sharaaxd-derbi
ταπετσαρία
sawir
φωτογραφία
feynuus
λάμπα
qaanad
ράφι
armaajo
ντουλάπι
telefiishan
τηλεόραση
dab-shid
τζάκι
ubax
λουλούδι
barkin
μαξιλάρι
fadhi-carbeed
καναπές
dheri-ubax
βάζο
rimuud
τηλεκοντρόλ

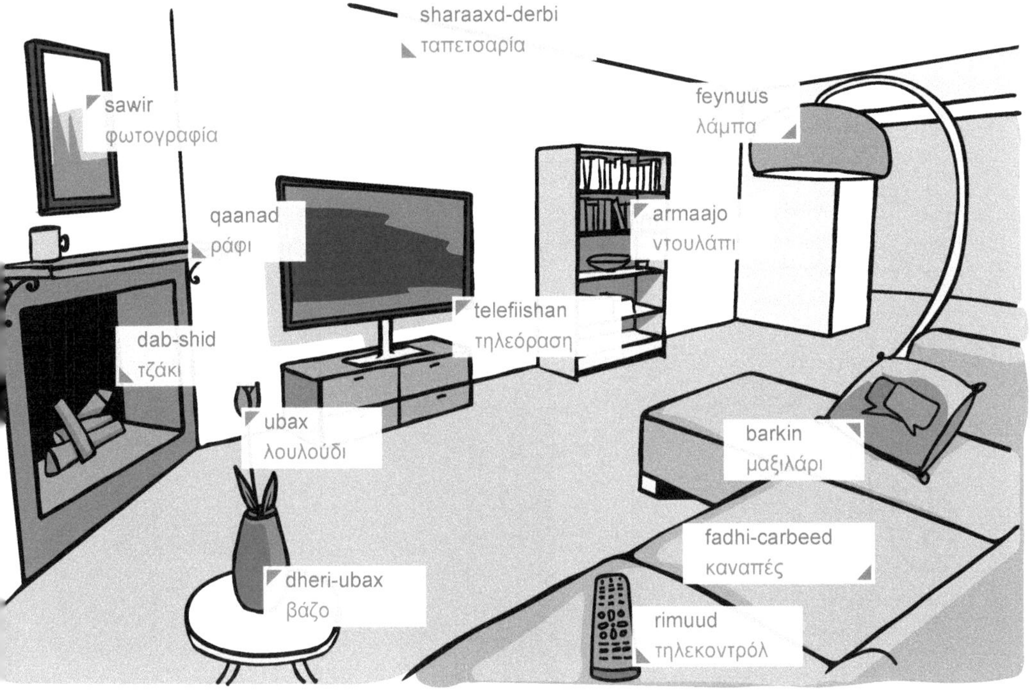

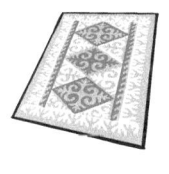

roog

χαλί

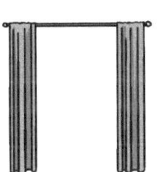

daah

κουρτίνα

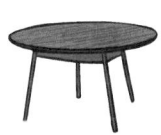

miis

τραπέζι

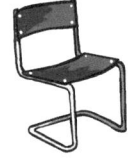

kursi

καρέκλα

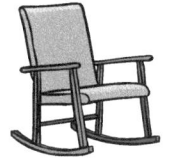

kursi wareega

κουνιστή πολυθρόνα

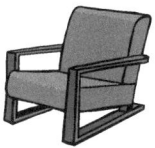

kursi fadhi

πολυθρόνα

buug

βιβλίο

buste

κουβέρτα

qurxin

διακόσμηση

xaabo

καυσόξυλα

filin

ταινία

cod-baahiye

στερεοφωνικό σύστημα

fure

κλειδί

wargeys

εφημερίδα

rinjiyeyn

πίνακας ζωγραφικής

tabeelo

αφίσα

raadiye

ραδιόφωνο

xusuus-qor

σημειωματάριο

huufar

ηλεκτρική σκούπα

tiitiin

κάκτος

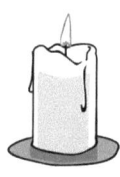

shumac

κερί

jiko
κουζίνα

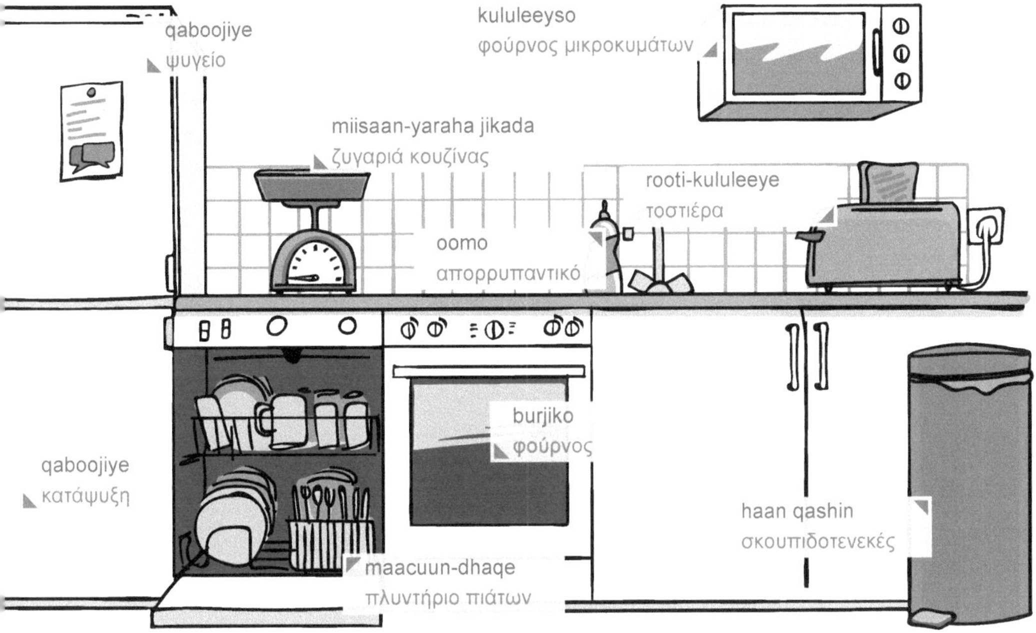
qaboojiye
ψυγείο
kululeeyso
φούρνος μικροκυμάτων
miisaan-yaraha jikada
ζυγαριά κουζίνας
rooti-kululeeye
τοστιέρα
oomo
απορρυπαντικό
burjiko
φούρνος
qaboojiye
κατάψυξη
haan qashin
σκουπιδοτενεκές
maacuun-dhaqe
πλυντήριο πιάτων

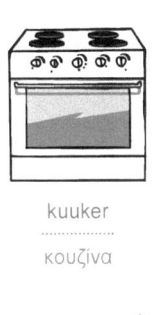

kuuker
κουζίνα

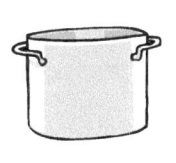

dheri
κατσαρόλα

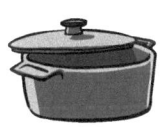

birtaawo
μαντεμένια κατσαρόλα

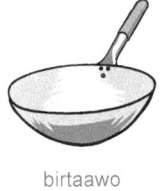

birtaawo
γουόκ/καντάι

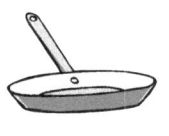

birtaawo
τηγάνι

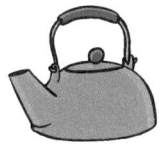

kirli
βραστήρας

uumiye

ατμομάγειρας

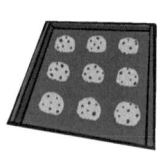

saxaarad dubista

ταψί

maacuun

πιατικά

bakeeri

κούπα

baaquli

μπολ

qoryo wax lagu cuno

ξυλάκια

malqacad

κουτάλα

qaado

σπάτουλα

folow

ανακατεύω

miire

σουρωτήρι

shashaq

σουρωτηράκι

qudaar-jare

τρίφτης

mooye

γουδί

hilib-sol

ψησταριά

dab

ανοιχτή φωτιά

alwaaxa wax-jar-jarka

σανίδα κοπής

ul jabaati

πλάστης

guf-saare

ανοιχτήρι φελλών

gasac

κονσέρβα

gasac-fure

ανοιχτήρι κονσέρβας

istaraasho-jiko

γάντι φούρνου

saxanka-alaab-dhaqa

νεροχύτης

caday

βούρτσα

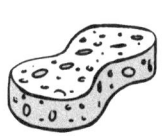

isbuunyo

σφουγγάρι

shiide

μπλέντερ

qaabojin qoto-dheer

καταψύκτης

masaasad

μπιμπερό

tuubbo

βρύση

musqul-qubeys
μπάνιο

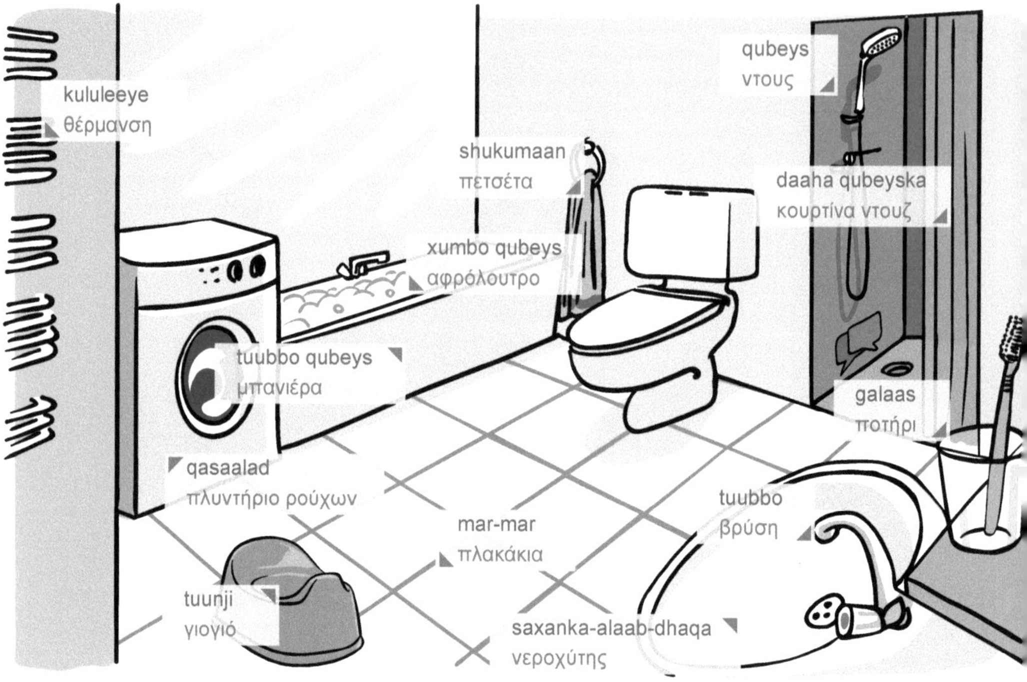

qubeys
ντους
kululeeye
θέρμανση
shukumaan
πετσέτα
daaha qubeyska
κουρτίνα ντουζ
xumbo qubeys
αφρόλουτρο
tuubbo qubeys
μπανιέρα
galaas
ποτήρι
qasaalad
πλυντήριο ρούχων
tuubbo
βρύση
mar-mar
πλακάκια
tuunji
γιογιό
saxanka-alaab-dhaqa
νεροχύτης

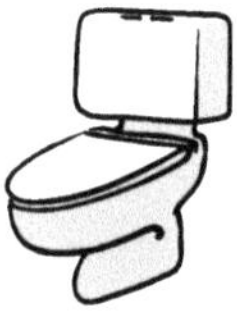

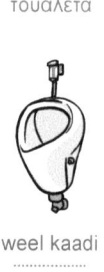

musqul
τουαλέτα

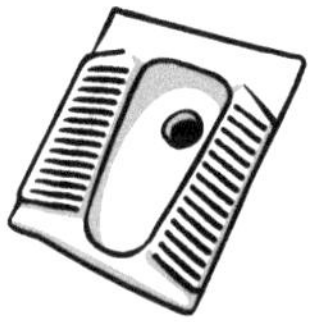

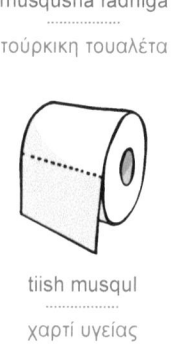

musqusha fadhiga
τούρκικη τουαλέτα

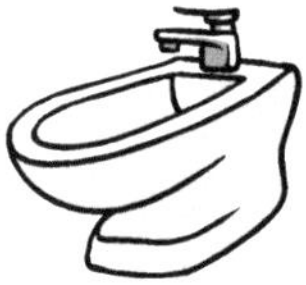

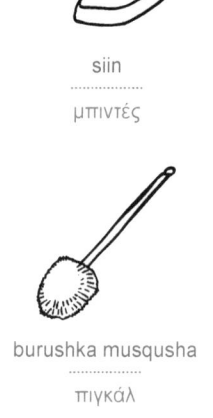

siin
μπιντές

weel kaadi
ουρητήριο

tiish musqul
χαρτί υγείας

burushka musqusha
πιγκάλ

caday

οδοντόβουρτσα

daawo caday

οδοντόκρεμα

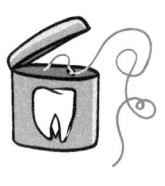

dunta ilka farashada

οδοντικό νήμα

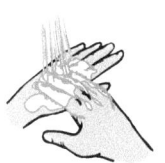

dhaq

πλένω

gacan qubeys

τηλέφωνο ντους

tuubo-musqul

ντουσιέρα

beeshin

λεκάνη

burush-qubeys

βούρτσα πλάτης

saabuun

σαπούνι

shaambo

αφρόλουτρο

shaambo

σαμπουάν

cago-saar

φανέλα

biyo-saare

σιφόνι

kareem

κρέμα

carfiso

αποσμητικό

muraayad

καθρέφτης

muraayad gacmeed

καθρέφτης χειρός

sakiin

ξυραφάκι

xumbada xiirashada

αφρός ξυρίσματος

daawo gar-xiir

αφτερσέιβ

shanlo

χτένα

burush

βούρτσα

fooneeye

σεσουάρ

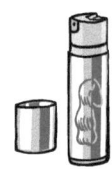

timo-buufis

λακ

waji-qurxiye

μακιγιάζ

rooseeto

κραγιόν

cidiyo-nadiifiye

βερνίκι νυχιών

dun

βαμβάκι

cidiyo-jar

ψαλίδι νυχιών

baarafuun

άρωμα

boorso-wajidhaq

νεσεσέρ

saxaro

σκαμπό

miisaan culays

ζυγαριά

dhar-qubeys

μπουρνούζι

gacma gashi cinjir

ελαστικά γάντια

tambooni

ταμπόν

tiimshe

πετσέτα υγιεινής

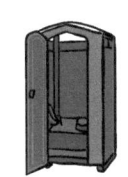

musqul kiimiko

χημική τουαλέτα

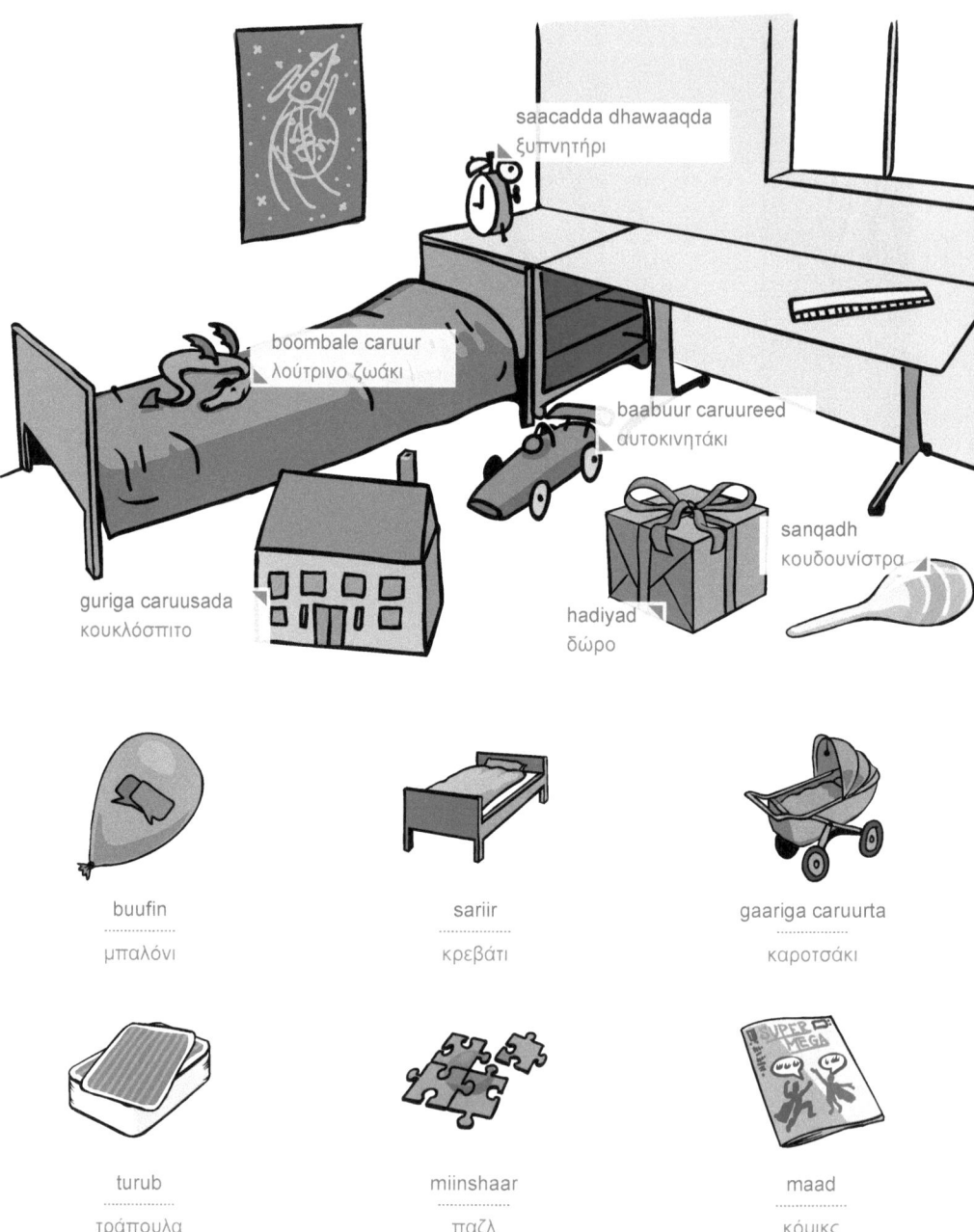

saacadda dhawaaqda
ξυπνητήρι

boombale caruur
λούτρινο ζωάκι

baabuur caruureed
αυτοκινητάκι

sanqadh
κουδουνίστρα

guriga caruusada
κουκλόσπιτο

hadiyad
δώρο

buufin
μπαλόνι

sariir
κρεβάτι

gaariga caruurta
καροτσάκι

turub
τράπουλα

miinshaar
παζλ

maad
κόμικς

bulkeeti boombale ah

τουβλάκια lego

tooy

τουβλάκια κατασκευών

sanam

φιγούρα δράσης

isku-jooga dhallaanka

βρεφικό φορμάκι

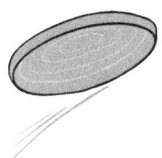

aalad cayaar

φρίσμπι

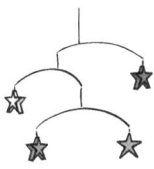

moobaayl

μόμπιλο

khamaar

επιτραπέζιο παιχνίδι

laadhuu

ζάρια

moodo tareen

σετ τρενάκι

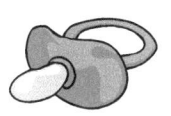

boombale

πιπίλα

xaflad

πάρτι

buug sawirro

εικονογραφημένο βιβλίο

kubbad

μπάλα

boombale

κούκλα

cayaar

παίζω

dhoobo-dhoobeey

σκάμμα με άμμο

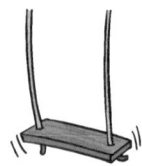

wiifoow

κούνια

alaab-alaabeey

παιχνίδια

geemka gacanta laga hago

κονσόλα βιντεοπαιχνιδιών

baaskiil

τρίκυκλο

boombale

αρκουδάκι

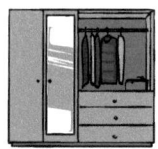

armaajo dhar

ντουλάπα

dhar
ρούχα

sigisaan

κάλτσες

sigsaan haween

καλτσοδέτες

surwaal-dhuuqsan

καλσόν

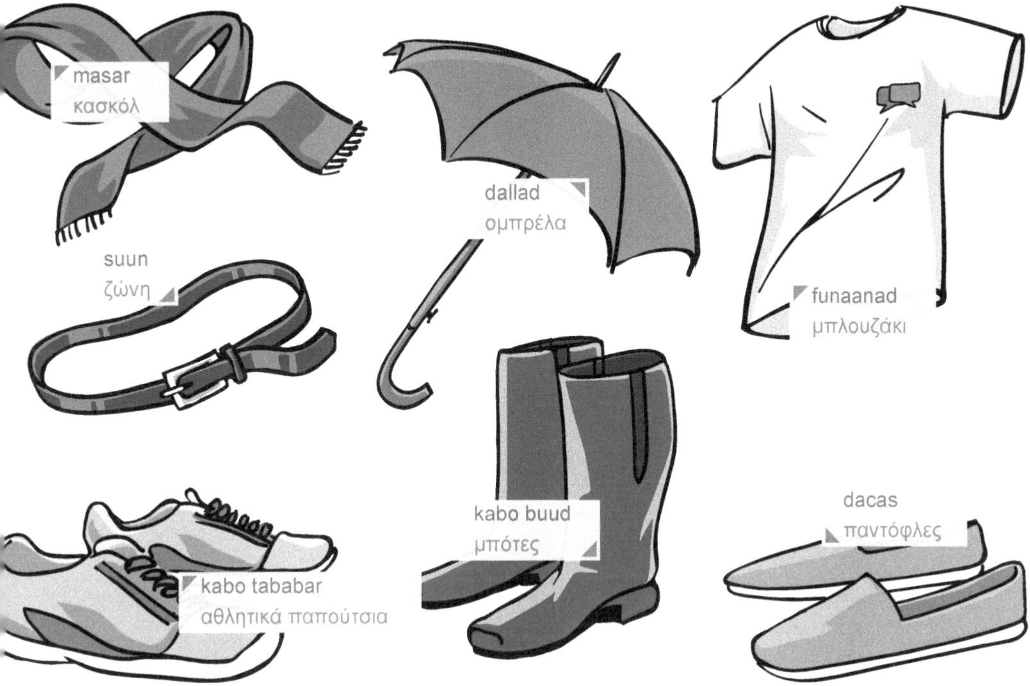

masar
κασκόλ

dallad
ομπρέλα

funaanad
μπλουζάκι

suun
ζώνη

kabo buud
μπότες

dacas
παντόφλες

kabo tababar
αθλητικά παπούτσια

saandalo

σανδάλια

kabo

παπούτσια

kabo roob

γαλότσες

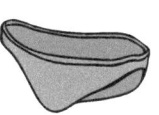

hoos-gashi

εσώρουχο

rajabeeto

σουτιέν

garan

φανέλα

jir

σώμα

surwaal

παντελόνι

surwaal jeenis

τζιν παντελόνι

goono

φούστα

canbuur

μπλούζα

shaati

πουκάμισο

funaanad-dhaxameed

πουλόβερ

garan dhaxameed

πουλόβερ

jaakad fudud

σακάκι

jaakad

μπουφάν

koodh

παλτό

koodhka roobka

αδιάβροχο πανωφόρι

dhar-munaasabadeed

κοστούμι

labbis

φόρεμα

lebbis aroos

νυφικό

suut

κοστούμι

dhar-hurdo

νυχτικό

bajaamo

πιτζάμες

saari

σάρι

masar

μαντήλι

cimaamad

τουρμπάνι

cabaayad

μπούρκα

saako

καφτάνι

cabaayad

μουσουλμανικό ένδυμα

dharka-dabaasha

ολόσωμο μαγιό

dabo-gaabyo

ανδρικό μαγιό

surwaal-dabagaab

σορτς

taraak-suut

αθλητική φόρμα

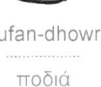

dufan-dhowr

ποδιά

gacmo gashi

γάντια

galluus

κουμπί

ookiyaale

γυαλιά

jijin

βραχιόλι

silis

περιδέραιο

faraati

δαχτυλίδι

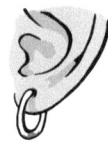

dhego dhego

σκουλαρίκι

koofiyo

καπέλο

katabaan

κρεμάστρα

koofiyad

καπέλο

garabaati

γραβάτα

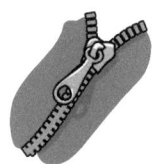

jiinyeer

φερμουάρ

helmed

κράνος

ilko-reeb

τιράντες

direes dugsi

μαθητική στολή

direes

στολή

cayo-dhowr

σαλιάρα

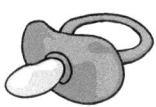

boombale

πιπίλα

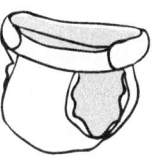

maro-dufeed

πάνα

xafiis
γραφείο

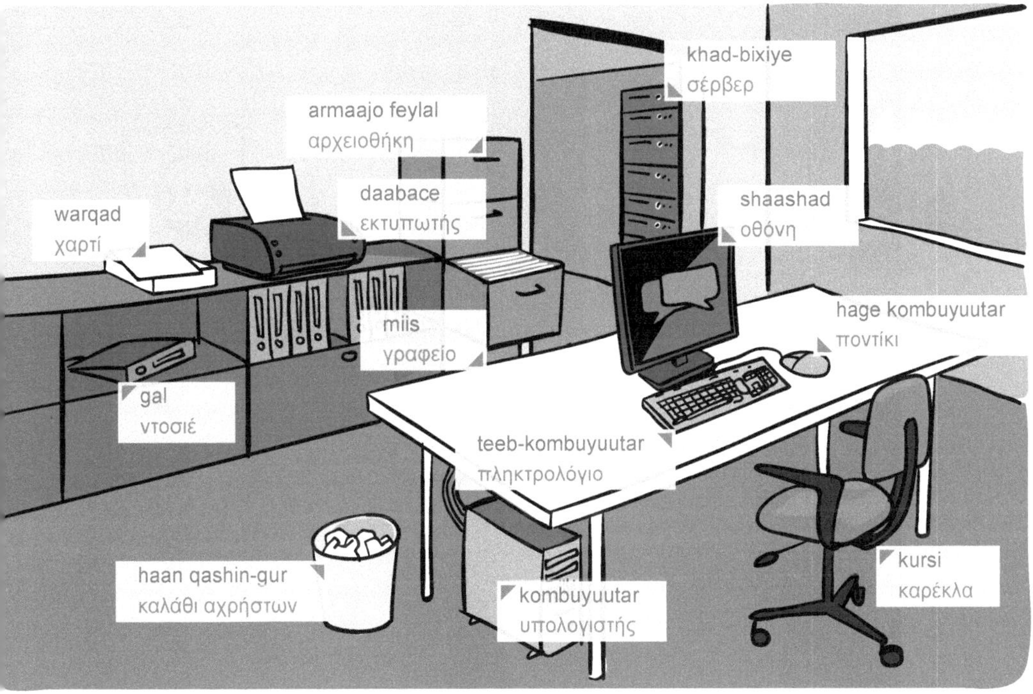

khad-bixiye
σέρβερ

armaajo feylal
αρχειοθήκη

daabace
εκτυπωτής

shaashad
οθόνη

warqad
χαρτί

miis
γραφείο

hage kombuyuutar
ποντίκι

gal
ντοσιέ

teeb-kombuyuutar
πληκτρολόγιο

haan qashin-gur
καλάθι αχρήστων

kombuyuutar
υπολογιστής

kursi
καρέκλα

koob kafee

κούπα του καφέ

kalkuleytar/xisaabiye

κομπιουτεράκι

internet

ίντερνετ

laabtoob

λάπτοπ

bakhshad

γράμμα

fariin

μήνυμα

moobaayl

κινητό

shabakad-kombuyuutar

δίκτυο

footokoobi

φωτοτυπικό μηχάνημα

barnaamij-kombuyuutar

λογισμικό

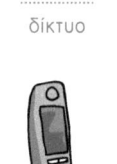

telefoon

τηλέφωνο

god koronto

πρίζα

mishiinkan fax-ka

συσκευή φαξ

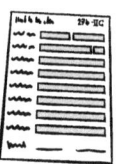

foomka

έντυπο

dokumenti

έγγραφο

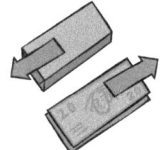

iibso

αγοράζω

bixi

πληρώνω

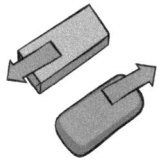

ganacso

συναλλάσσομαι

lacag

χρήματα

doollar

δολάριο

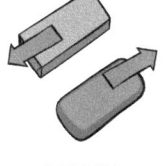

yuuro

ευρώ

yenka jabbaan

γιεν

robolka ruushka

ρούβλι

Franka iswiiska

ελβετικό φράγκο

lacagta shiinaha

ρενμίνμπι γιουάν

rubiyada hindiga

ρουπία

maqal

ΑΤΜ (αυτόματη ταμειακή μηχανή)

xafiiska sarrifaka lacagaha

ανταλλακτήρια
συναλλάγματος

dahab

χρυσός

qalin

ασήμι

shidaal

πετρέλαιο

tamar

ενέργεια

qiime

τιμή

qandaraas

συμβόλαιο

canshuur

φόρος

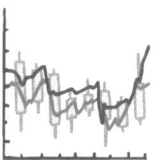

raasumaal

μετοχή

shaqee

δουλεύω

shaqaale

υπάλληλος

shaqaaleysiiye

εργοδότης

warshad

εργοστάσιο

dukaan

κατάστημα

shaqooyin
επαγγέλματα

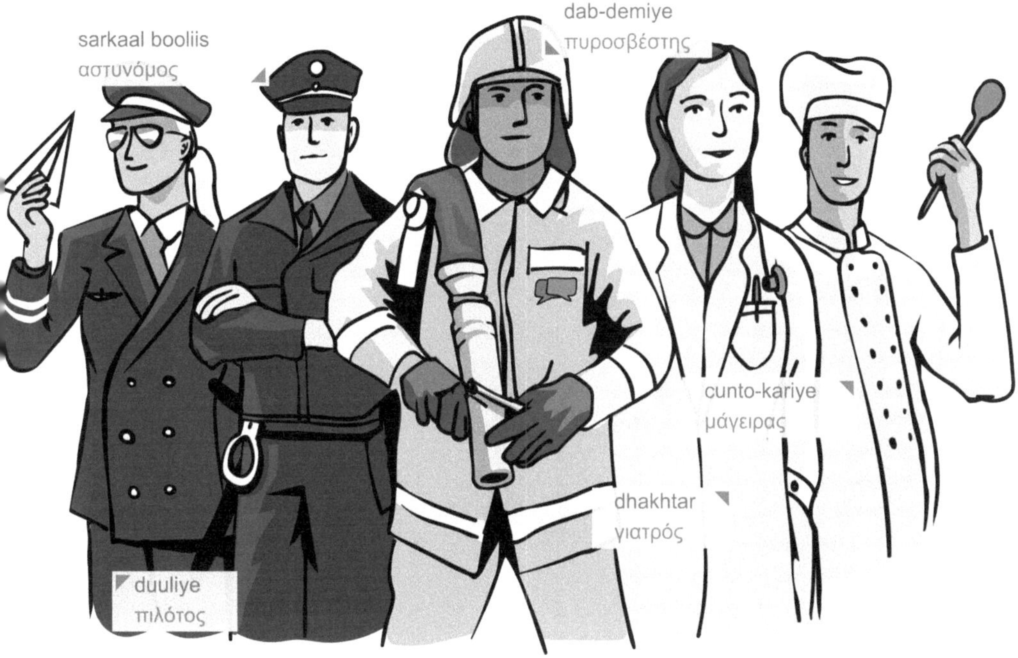

sarkaal booliis
αστυνόμος
dab-demiye
πυροσβέστης
cunto-kariye
μάγειρας
dhakhtar
γιατρός
duuliye
πιλότος

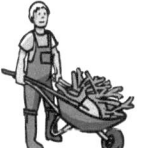

beeralley

κηπουρός

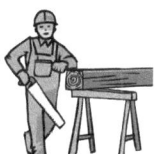

nijaar

ξυλουργός

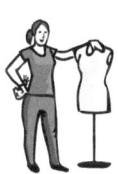

timo-qurxiso

μοδίστρα

qaaddi

δικαστής

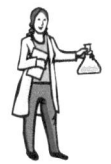

farmashiiste

χημικός

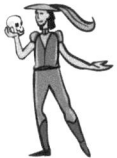

jile

ηθοποιός

darawal bas

οδηγός λεωφορείου

taksiile

ταξιτζής

kalluumeyste

ψαράς

nadiifiso

καθαρίστρια

saqaf-dhise

τεχνίτης στεγών

kabalyeeri

σερβιτόρος

ugaarsade

κυνηγός

rinjiile

ζωγράφος

rooti-dube

αρτοποιός

koronto-yaqaan

ηλεκτρολόγος

dhise

οικοδόμος

injineer

μηχανολόγος

kawaanle

κρεοπώλης

tuubbiiste

υδραυλικός

boostaale

ταχυδρόμος

askari

στρατιώτης

injineer-dhismo

αρχιτέκτονας

qasnaji

ταμίας

ubax-yaqaan

ανθοπώλης

timo-jare

κομμωτής

kiro-uruuriye

ελεγκτής εισιτηρίων

makaanik

μηχανικός

kabtan

καπετάνιος

dhakhtar-ilko

οδοντίατρος

saaynisyahan

επιστήμονας

wadaad yahuud

ραβίνος

imaam

ιμάμης

xerow

μοναχός

wadaad

ιερέας

qalab
εργαλεία

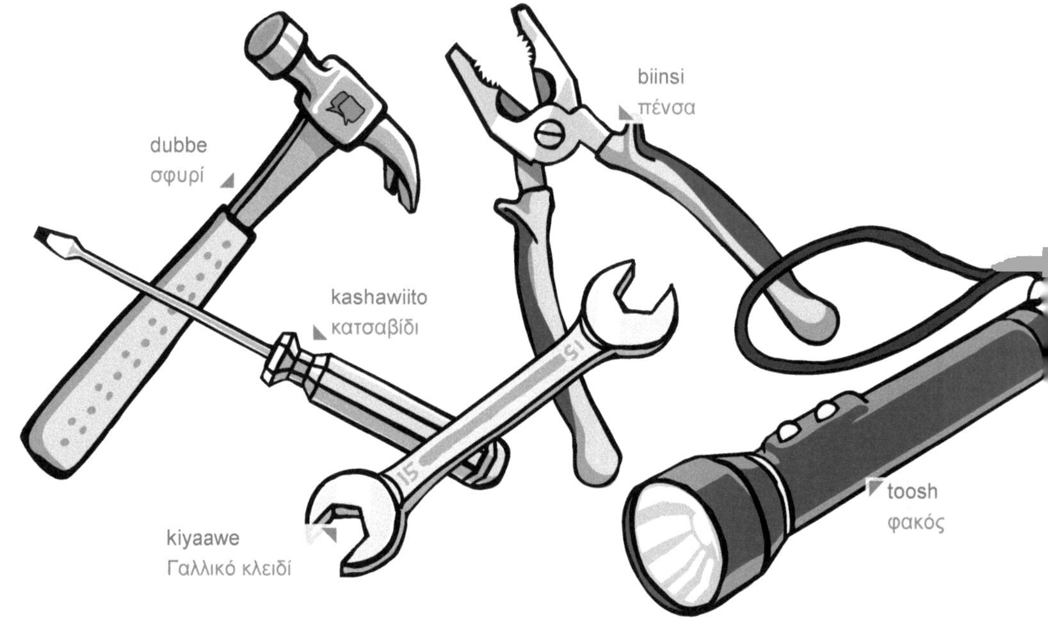

dubbe
σφυρί
biinsi
πένσα
kashawiito
κατσαβίδι
kiyaawe
Γαλλικό κλειδί
toosh
φακός

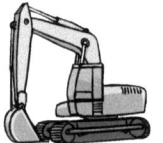

dhul-qoddo

εκσκαφέας

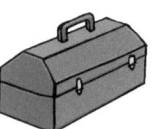

qalab-xajiye

εργαλειοθήκη

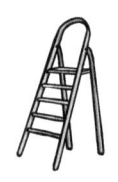

jaraanjaro

σκάλα

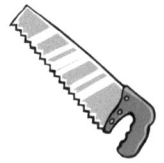

miinshaar

πριόνι

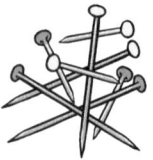

musbaarro

καρφιά

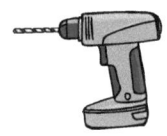

dalooliye

τρυπάνι

dayactir

επισκευάζω

badiil

φτυάρι

inkaar kugu dhacday!

Να πάρει!

bus-xaabiye

φαράσι

gasacad rinji

δοχείο χρωμάτων

boolal

βίδες

qalab muusiko
μουσικά όργανα

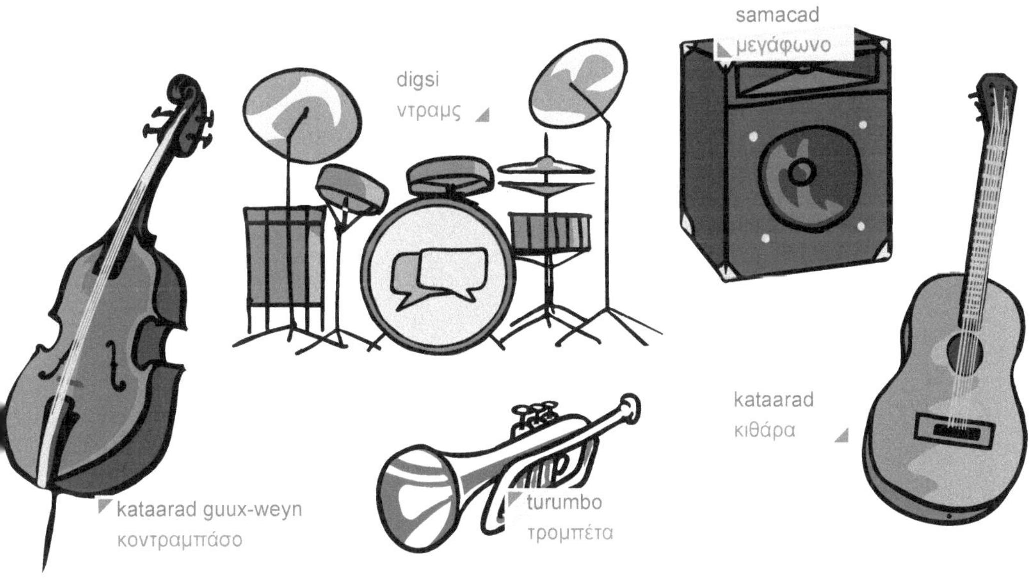

samacad
μεγάφωνο

digsi
ντραμς

kataarad
κιθάρα

kataarad guux-weyn
κοντραμπάσο

turumbo
τρομπέτα

biyaano

πιάνο

fiyooliin

βιολί

karaarad guux-dheer

μπάσο

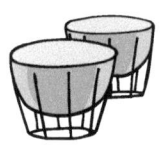

durbaan-sheegagle

τύμπανα

durbaan

τύμπανο

loox-xarfeed-biyaano

πλήκτρα

turumbo

σαξόφωνο

siin-baar

φλάουτο

makarafoon

μικρόφωνο

beer-xayawaan
ζωολογικός κήπος

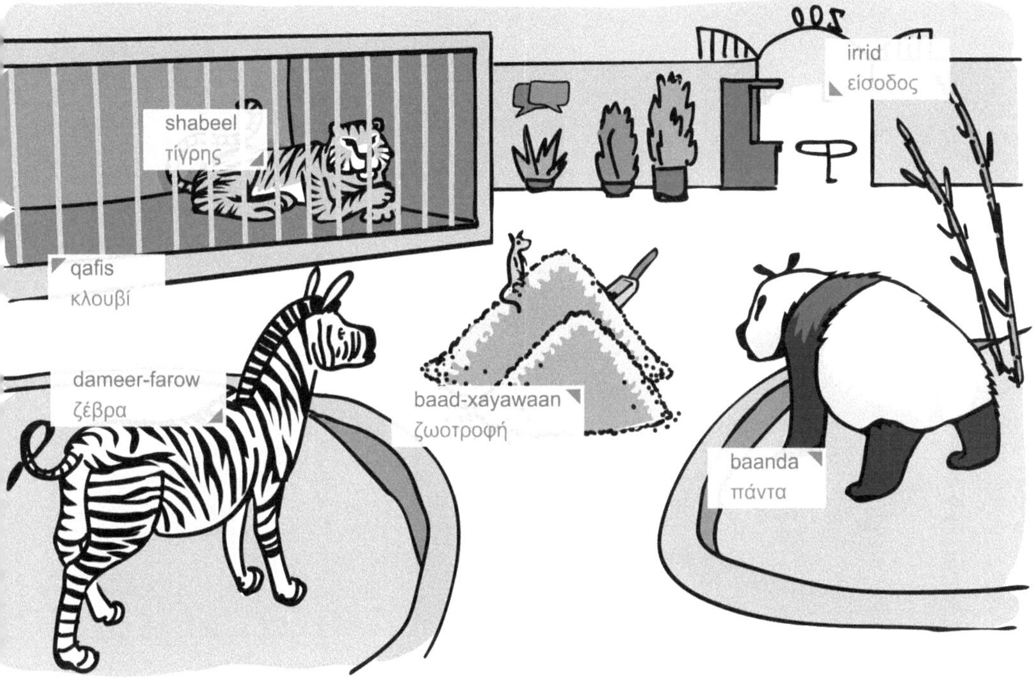

zoo
irrid
είσοδος
shabeel
τίγρης
qafis
κλουβί
dameer-farow
ζέβρα
baad-xayawaan
ζωοτροφή
baanda
πάντα

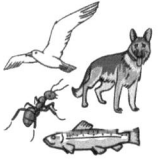

xayawaan

ζώα

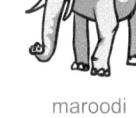

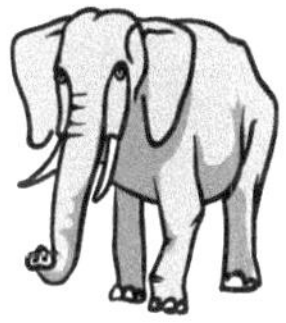

maroodi

ελέφαντας

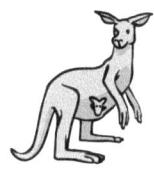

kaangaruu

καγκουρό

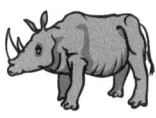

wiyil

ρινόκερος

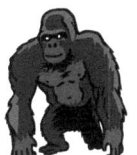

goriille

γορίλας

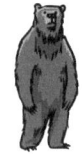

oorso

αρκούδα

geel

καμήλα

gorayo

στρουθοκάμηλος

libaax

λιοντάρι

daanyeer

πίθηκος

xiita-luga-dheer

φλαμίνγκο

baqbaqaa

παπαγάλος

oorso baraf-ku-nool

πολική αρκούδα

shimbir baraf

πιγκουίνος

libaax-badeed

καρχαρίας

daa'uus

παγώνι

mas

φίδι

yaxaas

κροκόδειλος

beer-xayawaan ilaaliye

φύλακας ζωολογικού κήπου

bahal kalluun-cun

φώκια

shabeel-u-eke

τζάγκουαρ

dhal faras

πόνυ

harmacad

λεοπάρδαλη

jeer

ιπποπόταμος

geri

καμηλοπάρδαλη

gorgor

αετός

doofaar-jilibeey

αγριογούρουνο

kalluun

ψάρι

qubo

χελώνα

maroodi-badeed

θαλάσσιος ίππος

dawaco

αλεπού

dccro

γαζέλα

kubadda-cagta maraykanka
Αμερικάνικο ποδόσφαιρο

tartanka bashkuleetiga
ποδηλασία

kubbadda miiska
αντισφαίριση

kubbadda koleyga
μπάσκετ

dabaal
κολύμβηση

hookiga barafka lagu dhe
χόκεϋ επί πάγου

cayaarta feerka
πυγμαχία

kubadda cagta
ποδόσφαιρο

baadminton
μπάντμιντον

ciyaaraha fudud
στίβος

kubadda gacanta
χάντμπολ

iskii/ciyaarta barafka
σκι

cayaar-faras
πόλο

hawlo

δραστηριότητες

qosol
γελάω
boodid
πηδάω
hab-siin
αγκαλιάζω
soco
περπατάω
hees
τραγουδάω
riyo
ονειρεύομαι
duceyso
προσεύχομαι
dhunkasho
φιλάω

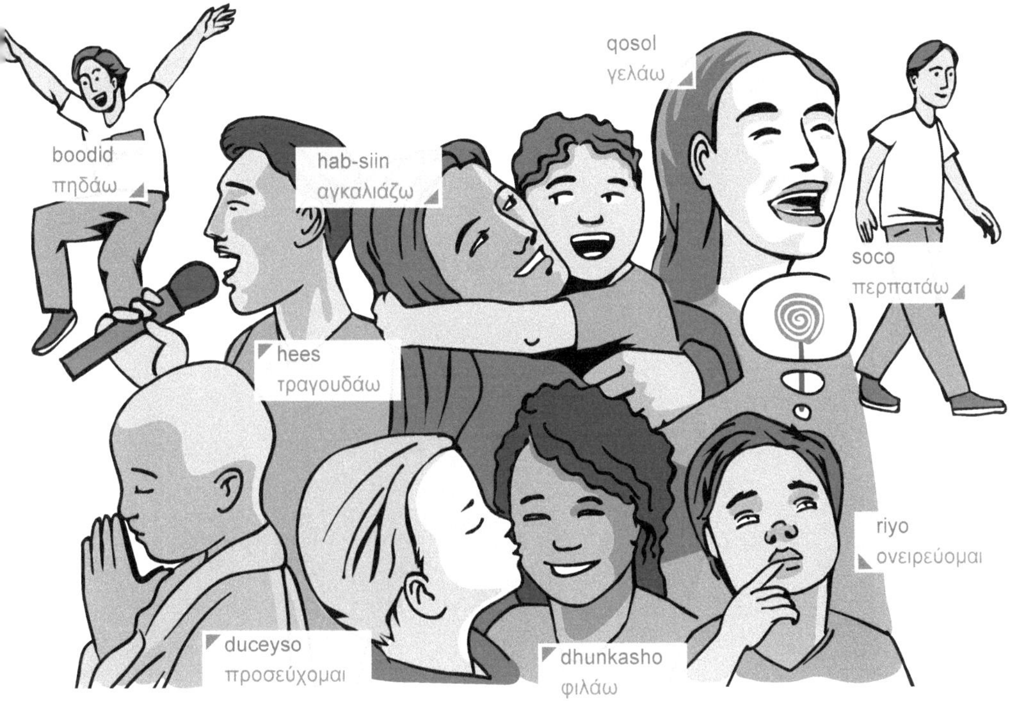

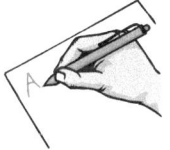

qorraxeed

γράφω

masawirid

σχεδιάζω

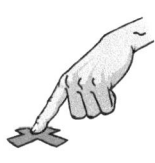

muuji

δείχνω

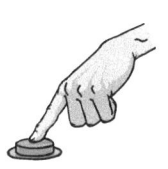

riix

πιέζω

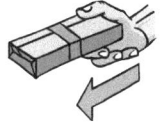

sii

δίνω

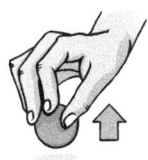

qaado

παίρνω

haysasho

έχω

samee

κάνω

ahaansho

είμαι

istaag

στέκομαι

orod

τρέχω

jiid

τραβάω

tuur

ρίχνω

dhicid

πέφτω

been-sheegid

ξαπλώνω

sug

περιμένω

qaad

κουβαλώ

fariiso

κάθομαι

labiso

φοράω

seexo

κοιμάμαι

toos

ξυπνάω

fiiri

κοιτάω

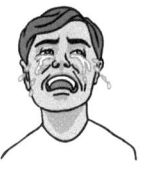

ooy

κλαίω

dhuftay

χαϊδεύω

shanleyso

χτενίζω

hadal

μιλάω

faham

καταλαβαίνω

weydii

ρωτάω

dhageysasho

ακούω

cab

πίνω

cun

τρώω

habee

συγυρίζω

jacayl

αγαπάω

kari

μαγειρεύω

kaxee

οδηγώ

duulid

πετάω

shiraaco

κάνω ιστιοπλοΐα

xisaabi

υπολογίζω

akhri

διαβάζω

barasho

μαθαίνω

shaqee

δουλεύω

guurso

παντρεύομαι

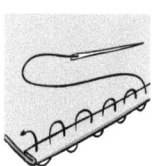

tol

ράβω

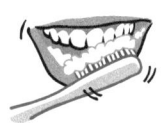

cadayso

βουρτσίζω τα δόντια

dilid

σκοτώνω

sigaar cab

καπνίζω

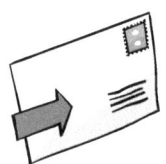

dir

στέλνω

qoys
οικογένεια

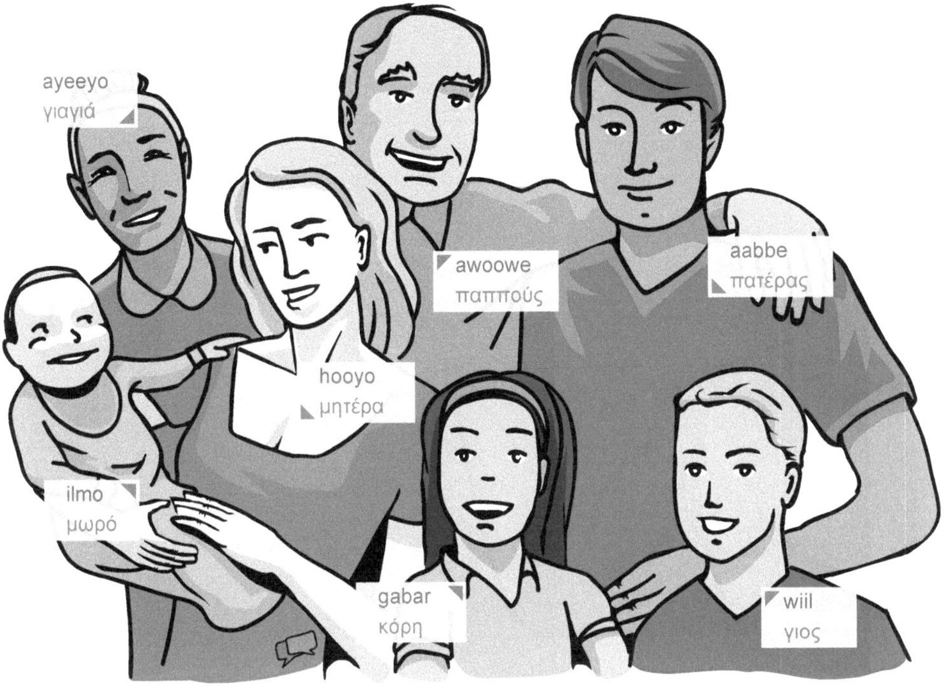

ayeeyo
γιαγιά
awoowe
παππούς
aabbe
πατέρας
hooyo
μητέρα
ilmo
μωρό
gabar
κόρη
wiil
γιος

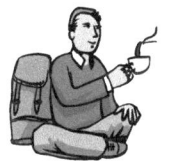

marti
....
καλεσμένος

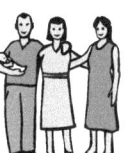

eeddo
....
θεία

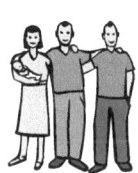

adeer
....
θείος

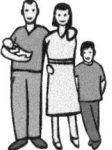

walaal rag
....
αδελφός

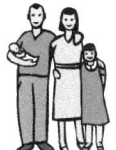

walaal dumar
....
αδελφή

jir

σώμα

fool
μέτωπο
il
μάτι
garab
ώμος
far
δάχτυλο
weji
πρόσωπο
gar
πιγούνι
gacan
χέρι
lug
πόδι
naas
στήθος
cudud
βραχίονας

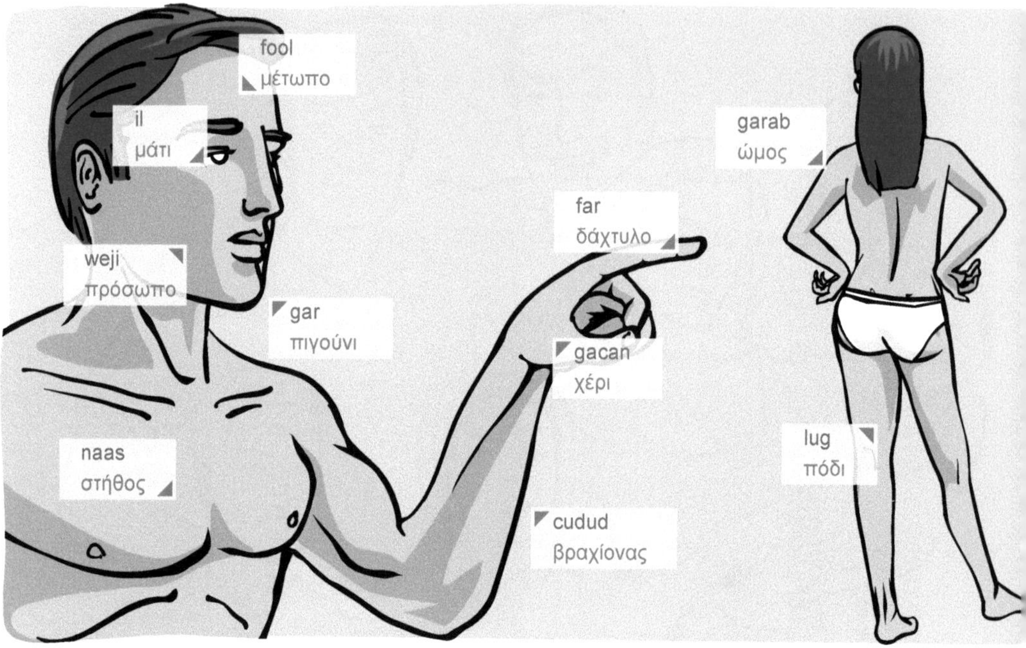

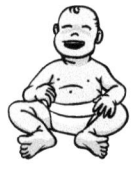

ilmo

μωρό

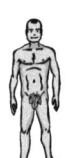

nin

άνδρας

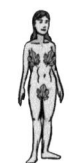

naag

γυναίκα

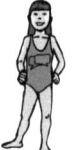

gabar

κορίτσι

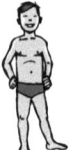

wiil

αγόρι

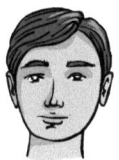

madax

κεφάλι

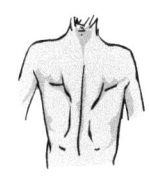

dhabar

πλάτη

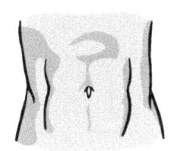

calool

κοιλιά

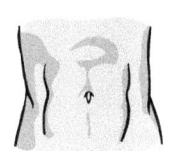

xuddun

αφαλός

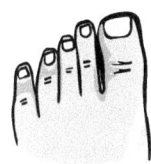

suul

δάχτυλο ποδιού

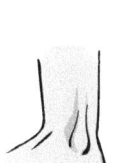

cirib

φτέρνα

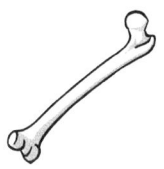

laf

κόκκαλο

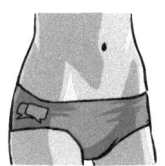

sin

γοφός

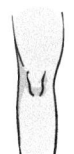

jilib

γόνατο

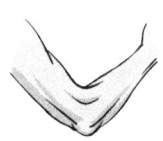

xusul

αγκώνας

san

μύτη

bari

γλουτός

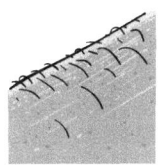

maqaar

δέρμα

dhafoor

μάγουλο

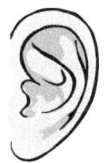

dheg

αυτί

bishin

χείλος

af
στόμα

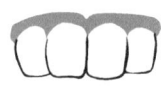

ilig
δόντι

carrab
γλώσσα

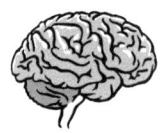

maskax
εγκέφαλος

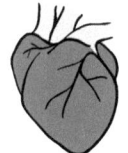

wadno
καρδιά

muruq
μυς

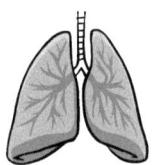

sambab
πνεύμονας

beer
συκώτι

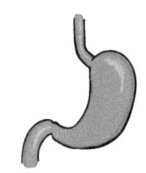

uur kujirta caloosha
στομάχι

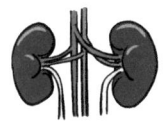

kelyo
νεφρά

galmo
σεξουαλική επαφή

cinjir-galmo
προφυλακτικό

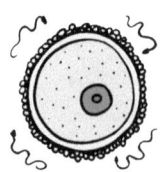

ugxan
ωάριο

shahwo
σπέρμα

uur
εγκυμοσύνη

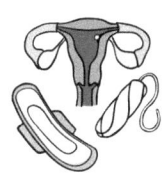

caado

περίοδος

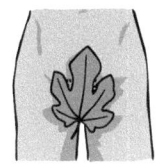

siil

γυναικείος κόλπος

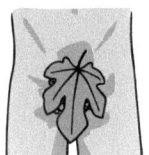

gus

πέος

suni

φρύδι

timo

μαλλιά

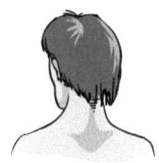

qoor

λαιμός

isbitaal
νοσοκομείο

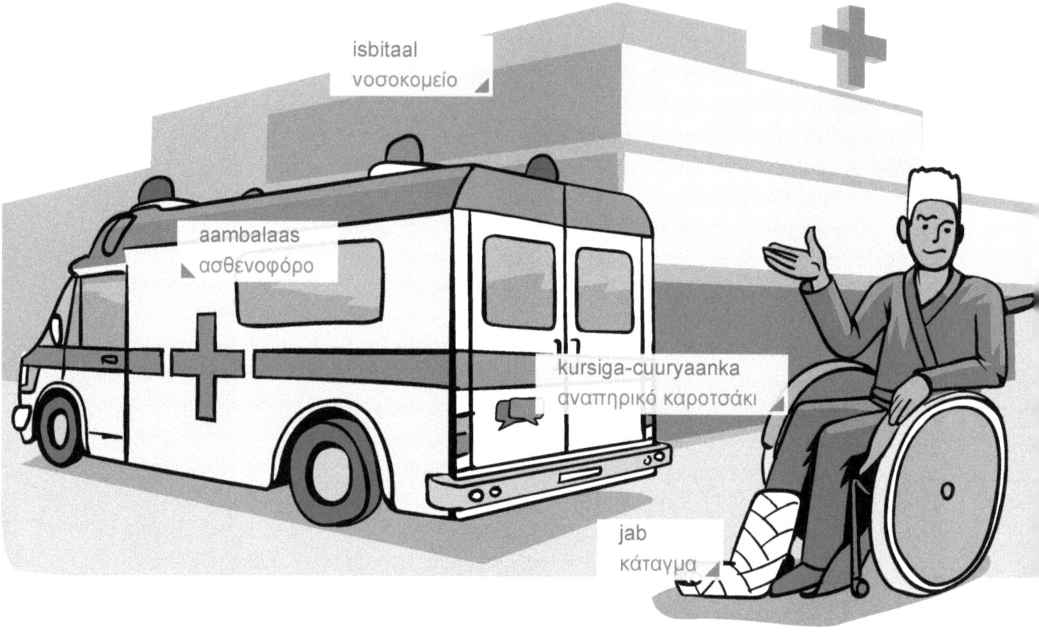

isbitaal
νοσοκομείο
aambalaas
ασθενοφόρο
kursiga-cuuryaanka
αναπηρικό καροτσάκι
jab
κάταγμα

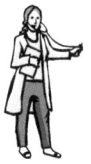

dhakhtar

γιατρός

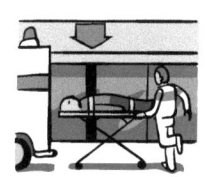

qolka xaaladaha-degdega ah

μονάδα εντατικής θεραπείας

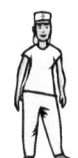

kalkaaliye

νοσοκόμα

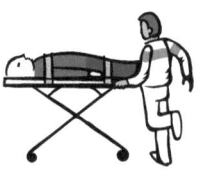

xaalad deg-deg ah

έκτακτη ανάγκη

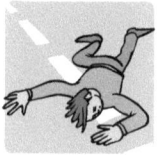

miyir-beelsan

λιπόθυμος

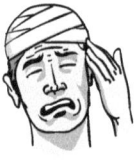

xanuun

πόνος

dhaawac

τραύμα

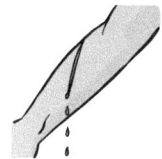

dhiig-bax

αιμορραγία

wadno-xanuun

έμφραγμα

qallal

εγκεφαλικό

xasaasiyad

αλλεργία

qufac

βήχας

qandho

πυρετός

hargab

γρίπη

shuban

διάρροια

madax-xanuun

πονοκέφαλος

kansar

καρκίνος

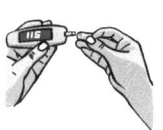

cudurka sokoroow

διαβήτης

dhakhtarka-qalliinka

χειρουργός

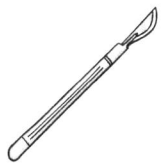

mindida qalliinka

νυστέρι

qalliin

εγχείρηση

iskaan

αξονική τομογραφία

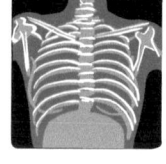

raajo

ακτινογραφία

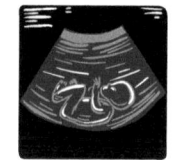

dhawaaq-xawaareed

υπέρηχος

maaskaro

μάσκα

cudur sokoroow

ασθένεια

qolka sugitaanka

αίθουσα αναμονής

ul lagu boodo

πατερίτσα

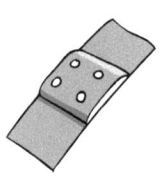

kab

χάνσαπλαστ

faashato

επίδεσμος

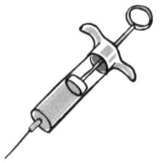

duris

ένεση

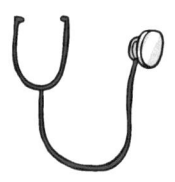

wadne-dhegeyeste

στηθοσκόπιο

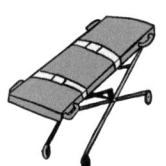

balankiino

φορείο

heer-kul-beega qandhada

θερμόμετρο

dhalasho

γέννηση

aad-u-cayilan

υπέρβαρο

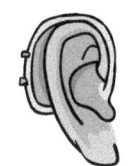

maqal-caawiye

ακουστικό βαρηκοϊας

jeermis-dile

αντισηπτικό

caabuq

λοίμωξη

feyras

ιός

AYDHIS/HIV

HIV/AIDS

daawo

φάρμακο

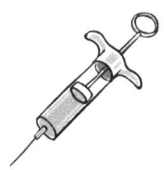

tallaal

εμβολιασμός

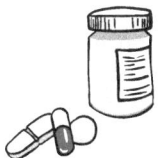

kaniiniyo

δισκία

kaniin

χάπι

wicitaan deg-deg ah

κλήση έκτακτης ανάγκης

cabbiraha dhiig-karka

πιεσόμετρο αίματος

xanuunsan / caatimaadsan

άρρωστος / υγιής

i caawiya!

Βοήθεια!

sawaxan

συναγερμός

weerar-kadisa ah

βιαιοπραγία

weerar

επίθεση

khatar

κίνδυνος

irridda bixida xaalad-deg-deg

έξοδος κινδύνου

dab!

Φωτιά!

dab demiye

πυροσβεστήρας

shil

ατύχημα

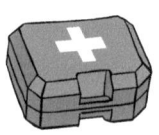

saduuqa xaalada-degdega ah

κουτί πρώτων βοηθειών

codsi badbaado

SOS

booliis

αστυνομία

Yurub

Ευρώπη

woqooyiga ameerika

Βόρεια Αμερική

koonfurta ameerika

Νότια Αμερική

Afrika

Αφρική

Aasiya

Ασία

Oostareeliya

Αυστραλία

Atlaantik

Ατλαντικός Ωκεανός

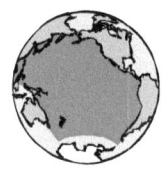

Pacific

Ειρηνικός Ωκεανός

Bad-waynta hindiya

Ινδικός Ωκεανός

Bad-waynta antarctica

Ανταρκτικός Ωκεανός

Bad-waynta arctic

Αρκτικός Ωκεανός

cirifka waqooyi

Βόρειος Πόλος

cirifka koonfureed

Νότιος Πόλος

Antarctica

Ανταρκτική

dhul

Γη

dhul

γη

bad

θάλασσα

jasiirad

νησί

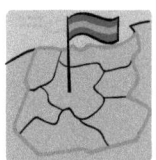

waddan

έθνος

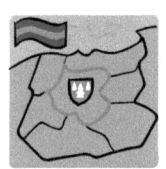

gobol

πολιτεία

wajiga saacadda

καντράν ρολογιού

gacanka saacada

ωροδείκτης

gacanka daqiiqada

λεπτοδείκτης

gacanka ilbiriqsiga

δείκτης δευτερολέπτων

waa intee saac?

Τι ώρα είναι;

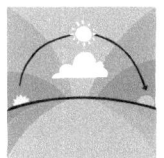

maalin

ημέρα

wakhti

χρόνος

hadda

τώρα

saacadda jiifarrada

ψηφιακό ρολόι

daqiiqad

λεπτό

saacad

ώρα

Isniin
Δευτέρα

MO

W Arbaca
Τετάρτη

Jimco
Παρασκευή

FR

TU

TH

SA

Sabti
Σάββατο

Talaado
Τρίτη

SO

Khamiis
Πέμπτη

Axad
Κυριακή

shalay
χθες

maanta
σήμερα

berri
αύριο

subax
πρωί

duhur
μεσημέρι

casir
βράδυ

maalmaha shaqo
εργάσιμες ημέρες

dabayaaqada usbuuca
Σαββατοκύριακο

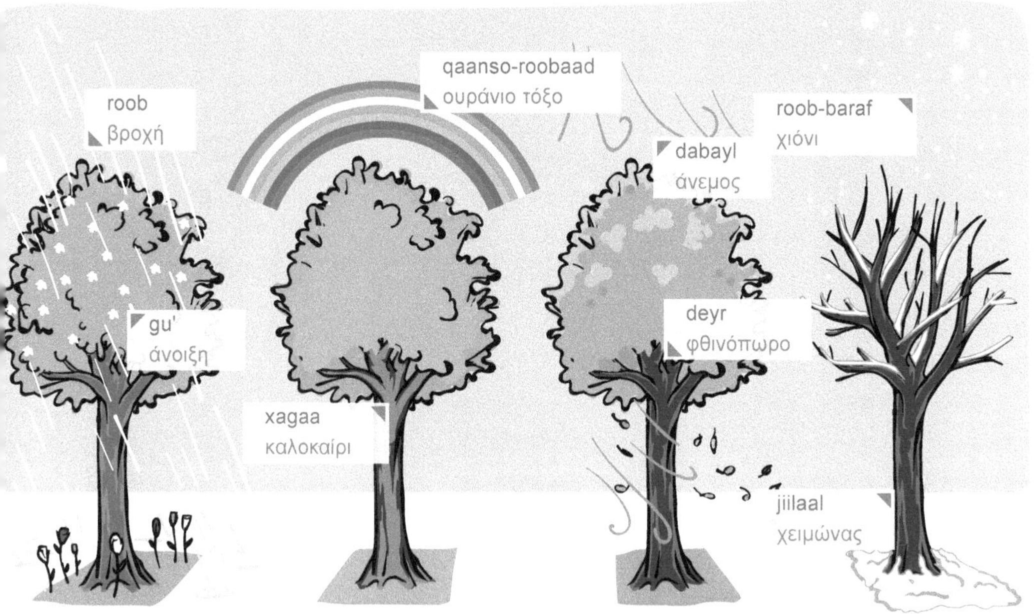

roob
βροχή

qaanso-roobaad
ουράνιο τόξο

roob-baraf
χιόνι

dabayl
άνεμος

gu'
άνοιξη

deyr
φθινόπωρο

xagaa
καλοκαίρι

jiilaal
χειμώνας

4.APRIL	11°	☀
5.APRIL	4°	☁
6.APRIL	13°	☔
7.APRIL	8°	❄
8.APRIL	10°	☀

saadaal hawo

πρόγνωση καιρού

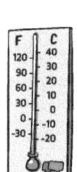

heer-kul baare

θερμόμετρο

qorraxeed

λιακάδα

daruur

σύννεφο

ceeryaamo

ομίχλη

huur

υγρασία

jac

αστραπή

onkod

κεραυνός

duufaan

καταιγίδα

roob-baraf

χαλάζι

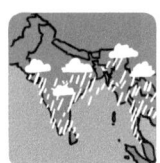

maansuun

μουσώνας

daad

πλημμύρα

baraf

πάγος

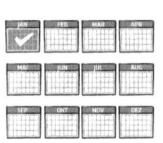

Jannaayo

Ιανουάριος

Febraayo

Φεβρουάριος

Maarso

Μάρτιος

Abriil

Απρίλιος

Mey

Μάιος

Juun

Ιούνιος

Luulyo

Ιούλιος

Agoosto

Αύγουστος

sanad - έτος

Sebteember
....

Σεπτέμβριος

Oktoobar
....

Οκτώβριος

Nofeember
....

Νοέμβριος

Diseember
....

Δεκέμβριος

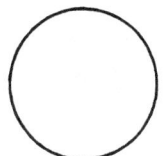

goobaabo
....

κύκλος

afar-gees
....

τετράγωνο

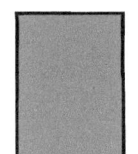

leydi
....

ορθογώνιο
παραλληλόγραμμο

saddex-xagal
....

τρίγωνο

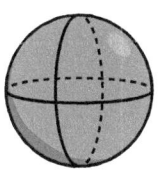

wareeg
....

σφαίρα

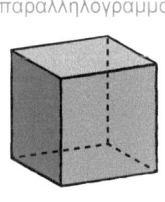

bokis
....

κύβος

caddaan

άσπρο

hurdi

κίτρινο

oranji

πορτοκαλί

guduud-khafiif

ροζ

casaan

κόκκινο

carwaajis

μωβ

bluug

μπλε

cagaar

πράσινο

boroon

καφέ

cawl

γκρι

madow

μαύρο

badan / yar

πολύ / λίγο

caro / daganaan

θυμωμένος / ήρεμος

qurxoon / foolxun

όμορφος / άσχημος

billow / dhammaad

αρχή / τέλος

yar / weyn

μεγάλος / μικρός

iftiin / mugdi

φωτεινός / σκοτεινός

walaalkaa / walaashaa

αδελφός / αδελφή

nadiif / wasakhaysan

καθαρός / λερωμένος

buuxa / dhantaalan

πλήρης / ατελής

maalin / habeen

ημέρα / νύχτα

dhintay / nool

νεκρός / ζωντανός

ballaaran / ciriiri ah

φαρδύς / στενός

la cuni karo / aan la cuni karin

βρώσιμος / μη βρώσιμος

arxan-daran / naxariis-badan

κακός / ευγενικός

faraxsan / caajisan

ενθουσιασμένος / βαριεστημένος

buuran / caateysan

παχύς / λεπτός

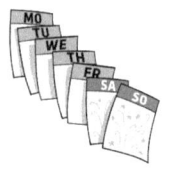

ugu horeeya / ugu dambeeya

πρώτος / τελευταίος

saaxiib / cadaw

φίλος / εχθρός

maran / buuxa.

γεμάτος / άδειος

adag / jilicsan

σκληρός / μαλακός

culus / fudud

βαρύς / ελαφρύς

gaajo / oon

πείνα / δίψα

xanuunsan / caafimaadsan

άρρωστος / υγιής

sharci-darro / sharci

παράνομος / νόμιμος

caaqil / dabbaal

έξυπνος / χαζός

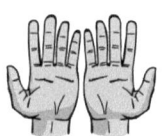

bidix / midig

αριστερός / δεξιός

dhow / fog

κοντινός / μακρινός

cusub / duug

καινούριος /
μεταχειρισμένος

waxba / wax

τίποτα / κάτι

da' / dhalinyar

γέρος | νέος

daaris / damin

αναμμένος / σβηστός

furan / xiran

ανοιχτός / κλειστός

aamusnaan / cod-dheer

χαμηλόφωνος /
μεγαλόφωνος

taajir / sabool

πλούσιος / φτωχός

sax / khalad

σωστός / λανθασμένος

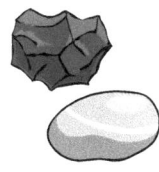

jilif leh / sabiibax

τραχύς / λείος

murugsan / faraxsan

λυπημένος / χαρούμενος

gaaban / dheer

κοντός / μακρύς

tartiib / dhaqsi

αργός / γρήγορος

qoyaan / qalleyl

υγρός / στεγνός

qandac / qabow

ζεστός / δροσερός

dagaal / nabad

πόλεμος / ειρήνη

0

eber

μηδέν

1

kow

ένα

2

laba

δὐο

3

saddex

τρία

4

afar

τέσσερα

5

shan

πέντε

6

lix

έξι

7

toddoba

εφτά

8

sideed

οκτώ

9

sagaal

εννιά

10

toban

δέκα

11

kow iyo toban

έντεκα

12

laba iyo toban

δώδεκα

13

sadex iyo toban

δεκατρία

14

afar iyo toban

δεκατέσσερα

15

shan iyo toban

δεκαπέντε

16

lix iyo toban

δεκαέξι

17

todoba iyo toban

δεκαεφτά

18

sideed iyo toban

δεκαοκτώ

19

sagaal iyo toban

δεκαεννέα

20

labaatan

είκοσι

100

boqol

εκατό

1.000

kun

χίλια

1.000.000

malyuun

εκατομμύριο

Af ingiriis

Αγγλικά

Ingiriiska Mareykanka

Αμερικάνικα Αγγλικά

Mandariinka Shiinaha

Μανδαρίνικα Κινέζικα

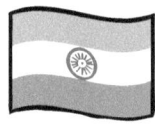

Hindi

Χίντι

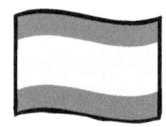

Boortaqiis

Ισπανικά

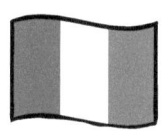

Faransiis

Γαλλικά

Carabi

Αραβικά

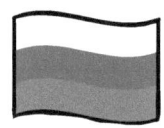

Ruush

Ρώσικα

Boortaqiis

Πορτογαλικά

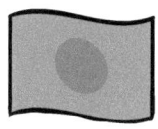

Bengaali

Μπενγκάλι

Jarmal

Γερμανικά

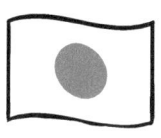

Jabaaniis

Ιαπωνικά

aniga

εγώ

adiga

εσύ

asaga / ayada

αυτός / αυτή / αυτό

annaga

εμείς

idinka

εσείς

ayaga

αυτοί / αυτές / αυτά

kee?

ποιος / ποια / ποιο;

maxay?

τι;

sidee?

πώς;

xagee?

πού;

goorma?

πότε;

magac

όνομα

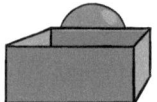

gadaal

πίσω

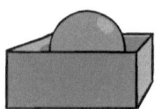

gudaha

μέσα

horta

μπροστά

ka sare

πάνω από

dusha

πάνω

ka hooseeya

κάτω

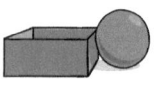

dhinac

δίπλα

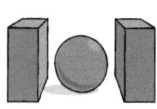

u dhexeeya

ανάμεσα

meel

μέρος